Otto Hildebrandt   Schlittenhunde

Otto Hildebrandt

Schlittenhunde

Akita-Inu — Alaskan Malamute —
Eskimohund — Samojede — Sibirian Husky

Verlagsgesellschaft Rudolf Müller
Köln-Braunsfeld

Die Kapitel »Hundekrankheiten«
und »Ernährung« wurden von
Dr. med. vet. Peter Brehm verfaßt.

CIP-Kurztitelaufnahme der Deutschen Bibliothek

Hildebrandt, Otto:
Schlittenhunde
Akita-Inu, Alaskan Malamute, Eskimohund, Samojede, Sibirian Husky
[die Kap. Hundekrankheiten und Ernährung wurden von Peter Brehm verf.]
Otto Hildebrandt
Köln-Braunsfeld: R. Müller, 1980
(dein hund)
ISBN 3-481-26661-8

ISBN   3-481-26661-8

© Verlagsgesellschaft Rudolf Müller GmbH, Köln-Braunsfeld 1980
Alle Rechte vorbehalten
Verlagsredaktion: Ingeborg Roggenbuck
Umschlaggestaltung: Hans-Dieter Kluth, Erftstadt
Gesamtherstellung: Druckhaus Rudolf Müller, Köln
Printed in Germany

Vorwort

Schlittenhunde lassen in unserer Vorstellung immer wieder Bilder von Eiswüsten, Eskimoschlitten und Wölfen aufleben. Sie wecken die Faszination des fernen Abenteuers. Die Ursprünglichkeit, die diesen Hunden eigen ist, zieht von Jahr zu Jahr mehr Hundefreunde in ihren Bann. Dieses Buch beabsichtigt, die hervorragenden Eigenschaften dieser Tiere zu würdigen, daneben aber will es die Schlittenhunde als Freunde und ständige Begleiter vorstellen. Über einen Abriß der Geschichte dieser Rassehunde hinausgehend, soll es ein Ratgeber sein, der Empfehlungen für die richtige Haltung, Pflege und Erziehung geben möchte.

Nur wer das Einmalige und das Außergewöhnliche dieser Tiere richtig einzuschätzen vermag, wird den Weg zu einer innigen Freundschaft mit den lächelnden Schlittenhunden finden.

Nübbel, im Januar 1980   Otto Hildebrandt

Inhalt

Geschichte und Abstammung der Schlittenhunde 9

Woher die Schlittenhunde kommen — Schlittenhunde machen
Geschichte — Ein Denkmal für die Schlittenhunde

Die Schlittenhundrassen und ihre Standards 14

Der Akita-Inu — Der Hund in der japanischen Mythologie — Die
Rassekennzeichen des Akita-Inus — Der Alaskan Malamute — Die
Eskimohunde — Der Samojede — Der Sibirian Husky

Verhalten und Charaktereigenschaften der Schlittenhunde 25

Ein weißer Wirbelwind ... — Schlittenhunde lieben die Bewegung —
Vorsicht! Alberner Hund! — Schlittenhunde sprechen eine andere
Sprache — Der Schlittenhund und unser Klima — Der Schlittenhund als
Renommierstück

Überlegungen beim Kauf 32

Hündin oder Rüde? — Wo kauft man einen Schlittenhund? — Das ideale
Geschenk? — Wann kann man den Hund vom Züchter abholen? — Die
Ahnentafel und der Impfpaß

Was kostet ein Schlittenhund? 36

Der Kaufpreis — Kosten für Pflege und Ernährung — Haftpflichtver-
sichert sollte man sein! — Die Hundesteuer — Kosten für den Schlitten
und den Trainingswagen — Zwingerkosten

Haltung der Schlittenhunde 39

Gewöhnung der Schlittenhundwelpen ans Haus — Haltung im Haus —
Die Zwingerhaltung

Die Erziehung der Schlittenhunde 42

Erziehung zur Stubenreinheit — Alleinsein will gelernt sein — Komm,
Blanca! — Das Laufen an der Leine — Gehen bei Fuß — Setz dich — Leg
dich hin — Das Anspringen

Ausbildung zum Schlittenziehen und Gespannformen 51
Das Ablaufen einer Wegstrecke — Die Einführung der Arbeitslast —
Das Startkommando — Die Änderung der Fahrtrichtung — Das
Doppelgespann — Das Fächergespann der Eskimos — Das Tandem-
gespann — Schlittenhundrennen gestern und heute

Schlittenhunde und ihre besonderen Aufgaben 58
Das besondere Verhältnis des Eskimos zu seinen Hunden — Der
Eskimoschlitten — Der Akita-Inu als Kampfhund und Jagdhund

Die Zucht 63
Die Trächtigkeit — Die Geburt — Die Scheinträchtigkeit

Pflege des Schlittenhundes 66

Der Schlittenhund und die Ausstellung 67

Mit dem Schlittenhund in den Urlaub 70

Ernährung 72
Artgerechte Ernährung — Die Wissenschaft — Die Praxis — Der
Speiseplan — Eigenrezepte — Fertigfutter — Die Futterzeiten — Die
Ration

Gesundheit 81
Vorbeugen ist besser als Heilen — Ungebetene Gäste im Fell —
Unerwünschte Kostgänger — Der Impfplan — Erste Hilfe tut not —
Kleine Hausapotheke für den Hund — Alarmzeichen — Zehn Tips für
den Besuch beim Tierarzt

Gefahren für die menschliche Gesundheit? 94

Der alternde Schlittenhund 96

Geschichte und Abstammung der Schlittenhunde

Woher die Schlittenhunde kommen

Die ersten Hinweise auf den Hund als Haushund in der nördlichen Region fand man in Maglemose auf der dänischen Insel Seeland. Bei Ausgrabungen stießen die Archäologen in den Küchenabfallhaufen der Muschelesser auf Knochenreste von Haushunden. Mit Sicherheit kann man davon ausgehen, daß in der Mittelsteinzeit, also vor fast 10 000 Jahren, die Haushunde in erster Linie dem Menschen zur Bereicherung des Küchenzettels gedient haben. Weitere Beweise hierfür entdeckten Forscher in der Umgebung von Moskau. Auch dort wurden unter Küchenabfällen ebenfalls Haushundspuren gefunden.

In Japan hat man anhand von Knochenfunden festgestellt, daß ein mittelgroßer Hund von quadratischem Körperbau vor 4000 Jahren dort gelebt hat. Neben den Überresten fand man Abbildungen in Ton, die

Der Samojede.

einen Hund mit kleinen dreieckigen Stehohren und einer Ringelrute zeigten.

Als vor 2000 Jahren die Eskimos ihre Heimat in Sibirien verließen und sich ihr neues Zuhause im hohen Norden suchten, brachten sie ihre Schlittenhunde als lebenswichtige Begleiter mit. Diese Hunde, die sie von den Pflugbauern übernommen hatten, fanden anfangs ihre Hauptbeschäftigung als Transport- und Lasttiere, weniger aber als Gehilfen bei der Jagd.

Erst sehr viel später erkannte man die besonderen Fähigkeiten der Hunde und wußte sie für sich zu nutzen. Die bis dahin rasselosen Tiere wurden als Bewacher von Tierherden, Helfer bei der Jagd und nicht zuletzt als Arbeitstiere verwendet.

Diese Entwicklung führte allmählich dazu, verschiedene Hunderassen für spezielle Aufgaben zu züchten.

Im übrigen gehen Wissenschaftler davon aus, daß die Schlittenhunde aus der sogenannten Torfhundgruppe hervorgegangen sind. Die Schlittenhunde haben bis heute ihre Ursprünglichkeit bewahrt. Die Domestikation hat lediglich zu Fell- und Haarformveränderungen geführt und nicht, wie bei anderen Hunderassen, zu Skelettverkürzungen oder Schädelverformungen.

Schlittenhunde zeigen sowohl wolfsähnliches als auch wolfsgleiches Verhalten. Ihr ausgeprägter Jagdtrieb und die Rudeleigenschaften weisen auf eine Verwandtschaft mit dem Wolf. Durch die natürliche Hierarchie, die unter diesen Hunden herrscht, eignen sich die Tiere hervorragend zu Teamarbeiten vor dem Schlitten.

Seit 2000 Jahren arbeiten Schlittenhunde in der arktischen Region für den Menschen. Durch das bekanntlich unbarmherzige Klima hat sich auf diese Weise ein Hundetyp entwickelt, dessen Leistungsfähigkeit, Ausdauer und Widerstandskraft, mit bemerkenswerter Anspruchslosigkeit verbunden, seinesgleichen sucht.

Schlittenhunde machen Geschichte

Erst in den letzten hundert Jahren hat die Öffentlichkeit durch Forscher, die im ewigen Eis übermenschliche Aufgaben erfüllen mußten, auch von den großen Strapazen erfahren, die für Schlittenhunde alltäglich sind.

Als sich im Jahre 1909 der Amerikaner Robert E. Peary mit fünf Schlitten und 40 Schlittenhunden auf den Weg zum Nordpol machte, erfuhr die

Weltöffentlichkeit erstmals Einzelheiten über die beachtlichen Leistungen der Schlittenhunde.

Zwei Jahre später erreichte der Norweger Roald Amundsen den Südpol. Allein hätte er ihn vermutlich nie erreicht. Seine 116 Grönlandhunde standen ihm und seiner Mannschaft dabei zur Seite.

Amundsen hat später oft davon erzählt, wie schwierig es gewesen ist, die Hunde, die offenbar keine Ahnung von ihren Pflichten hatten, von der Notwendigkeit des disziplinierten Schlittenziehens zu überzeugen. Kaum standen die Tiere nebeneinander im Geschirr und das Kommando zum Start wurde gegeben, betrachteten die Hunde es als eine Aufforderung, sich zu raufen. Es dauerte dann Stunden, bis die Forscher alle verhedderten Leinen wieder entwirrt hatten. Die Abenteurer wußten, ein »Hundetumult« hätte im ewigen Eis den sicheren Tod bedeuten können.

Amundsen achtete sehr darauf, daß die Hunde trotz ihrer schlechten Pflichtauffassung nicht mit der Peitsche zum Gehorsam erzogen wurden. Ihm war klar, kein eingeschüchtertes und verängstigtes Tier hätte sich in der Eiswüste behaupten können. Die Strapazen, die auf diese Hunde warteten, konnte nur ein gesundes Tier überstehen. Kein geschlagenes und furchtsames Tier aber ist gesund.

Amundsen sprach später seinen Hunden denselben Anteil am Erfolg der Expedition zu wie den Männern.

An dieser Stelle sei die Geschichte um Robert Scott, den britischen Seeoffizier und Südpolforscher, erwähnt. Als ein ganzes Schlittengespann in eine Gletscherspalte gefallen war, ließ er sich selbst 60 Fuß tief abseilen, um seine Hunde zu retten. Scott brachte es nicht übers Herz, seine Tiere erst Tausende von Kilometern durch die Eisfelder zu treiben und sie dann in der Gletscherspalte jämmerlich zugrunde gehen zu lassen. Er wußte um die gegenseitige Abhängigkeit zwischen dem Menschen und den Schlittenhunden. Andere Forscher hatten Scott oft zum Vorwurf gemacht, er wäre nicht der richtige Mann für ein Südpolunternehmen, er sei zu weich. Das zeige allein der Umgang mit seinen Hunden.

Im Januar 1925 hielt die Welt den Atem an, als in der Stadt Nome in Alaska eine Diphtherie-Epidemie ausgebrochen war und kein geeignetes Serum in dieser von Schneemassen verschütteten Stadt zur Verfügung stand. Erst durch Aufrufe über Rundfunk und Presse gelang es, in Amerika eine genügende Menge des Impfstoffes zusammenzutragen. Am 26. 1. 1925 traf das von dem amerikanischen Gesundheitsamt auf den Weg geschickte Serumpaket, das knapp zehn Kilogramm wog, auf der

Bahnstation in Nemana ein. Von dort bis nach Nome aber gab es weder Straßen noch Zugverbindungen. Mehr als 1000 Kilometer mußten mit Hundeschlitten zurückgelegt werden. Die Welt nahm an diesem Wettlauf gegen den Tod an den Rundfunkempfängern teil.

Mehrere Männer und ihre Schlittenhunde machten das Unmögliche möglich. Für über 1000 Kilometer hatten sie mit ihren Hundeschlitten nur 128 Stunden gebraucht und damit 127 Menschenleben gerettet. Man muß sich vor Augen führen, daß der Postschlitten, der die Strecke von Nemana nach Nome regelmäßig befuhr, etwa drei Wochen lang unterwegs war. Welchen Strapazen diese Männer während der schweren Schneestürme und arktischen Kälte gemeinsam mit ihren Hunden trotzten, ist für uns unvorstellbar.

Acht Jahre später — es waren längst Flugzeuge und Raupenschlepper im Einsatz — unternahm der amerikanische Admiral Richard Byrd einen Vorstoß zum Südpol. Er verließ sich dabei auf die zuverlässige Mitarbeit der Schlittenhunde. Diese Tiere bewältigen Gelände, auf denen ein Raupenschlepper versagt, sie überqueren Eisfelder, auf denen Flugzeuge nicht landen können. Mit 153 sorgfältig ausgesuchten Hunden machte sich Byrd im Jahre 1933 auf den Weg zum Südpol.

Lächelnder Akita-Inu.

Ein Denkmal für die Schlittenhunde

Im Jahre 1957 wagten die Japaner eine Südpolexpedition. 20 erstklassige Akita-Inus zogen die Schlitten. Man hatte diese Tiere ausgewählt, weil sie ihres massigen Körperbaus und ihrer Kraft wegen von den Japanern zu den stärksten Schlittenhunden gezählt werden. Die Expedition mußte jedoch aufgrund unvorhersehbarer Witterungsverhältnisse abgebrochen werden. Man war gezwungen, Hunde und Ausrüstung zurückzulassen.

Die Fachwelt machte den Forschern wegen der zurückgebliebenen Tiere schwere Vorwürfe. Als man die Expedition dreieinhalb Jahre später fortsetzte, fand man am früheren Lagerplatz zwölf dieser Hunde lebend wieder. Die Tiere verhielten sich so, als ob es keine jahrelange Trennung gegeben hätte. Wie sich durch medizinische Untersuchungen herausstellte, hatten die Hunde als Futter Tiere gerissen, die über Hunderte von Kilometern vom Lagerplatz entfernt lebten.

Zur Erinnerung an diese unglaubliche Leistung der Hunde ist auf Veranlassung des japanischen Kaisers Hirohito in Tokio am Tower ein Denkmal errichtet worden. Zwölf lebensgroße Akita-Inus aus Bronze hat man in verschiedenen Haltungen nachgebildet.

1978 gingen mehrfach Berichte über den japanischen Schriftsteller und Abenteurer Naomi Uemura um die ganze Welt. Ihm war es im Alleingang gelungen, den Nordpol zu erreichen. Ganz allein aber hatte auch er es nicht geschafft. Seine Schlittenhunde waren es, die diese Leistung erst ermöglichten.

Bisher ist immer nur von »Schlittenhunden« allgemein die Rede gewesen. Es gibt allerdings die unterschiedlichsten Rasseneinteilungen.

Die Schlittenhundrassen
und ihre Standards

Zunächst soll die von der FCI, der Fédération Cynologique Internationale, in Brüssel vorgenommene Aufteilung erwähnt werden, nach der es folgende Schlittenhundrassen gibt:
Alaskan Malamute
Eskimohunde: a) der Grönlandhund, b) der Kanadische Eskimohund
Samojede
Sibirian Husky.
Andere Organisationen nehmen abweichende Aufteilungen vor.

Der Akita-Inu

Bereits im Kapitel über die Geschichte und Abstammung der Schlittenhunde war gelegentlich vom japanischen Großpolarspitz Akita-Inu die Rede. Dieser Hund, der in Japan zum Schlittenziehen gezüchtet wird, gilt als Alleskönner. Es wäre ohne weiteres richtig, ihn auch anderen Verwendungsbereichen zuzuordnen, da sein Aufgabengebiet neben der Arbeit am Schlitten die Jagd sowie Wach- und Schutzaufgaben umfaßt. Nach Grzimeks Tierleben, Zürich 1972, kann auch der Akita-Inu zu den Schlittenhunden gezählt werden. Man könnte die Entwicklung dieser Rasse mit der des Samojeden vergleichen, der ursprünglich als Hüte- und Wachhund gezüchtet wurde und heute den Schlittenhunden zugerechnet wird.

Wegen der Ausgefallenheit des Akita-Inus, seiner über das eigentliche Schlittenhundedasein hinausgehenden Aufgaben und der Stellung des Hundes in der japanischen Mythologie, soll auf diese Rasse besonders eingegangen werden.

Der Akita-Inu, dessen Äußeres und dessen Verhalten mit den anderen Schlittenhundrassen übereinstimmt, trägt den Namen der im Norden der japanischen Insel Hondo gelegenen Region und Stadt Akita. Die Bezeichnung »Inu« bedeutet »Hund«.

Der Akita-Inu wird auf Hokkaido, der nördlichsten Hauptinsel Japans, zum Transport schwerer Holzlasten eingesetzt, die er aus den bergigen Nadelwäldern auf Spezialtransportschlitten in die Dörfer bringt.

Hokkaido hat fünf Monate im Jahr eine durchgehende Schneedecke. Meterhohe Schneelagen sind auf dieser Insel wie auch in der Ursprungsregion Akita nichts Ungewöhnliches. Selbst die Bauweise ihrer Häuser haben die Japaner diesem Umstand angepaßt.

In Akita gibt es einen Tempel des Windgottes. Die diesen Tempel umgebenden Bäume verraten durch ihre starke Seitenneigung die Richtung der heftigen und kalten Winterwinde. So wundert es nicht, daß gerade in diesem Gebiet ein zäher, ausdauernder und kräftiger Hund wie der Akita-Inu gezüchtet wird.

Der Hund in der japanischen Mythologie

Im japanischen Mythos hat der Hund seinen festen Stellenwert. Japanische Holzschnitzkünstler fertigen seit Generationen kleine, buntlackierte Akita-Inus an, die als Geschenk zu verschiedenen, meist festlichen Anlässen bestimmte Symbolfunktionen haben.

Der Braut wird am Hochzeitstag eine Hundefigur als Glücksbringer in den Brautstrauß gesteckt.

Spielzeug-Akita-Inu.

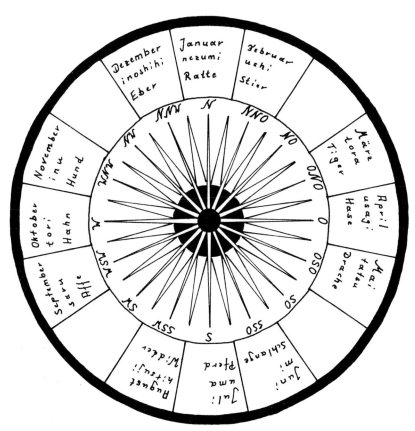

Der japanische Tierkreis.

Der feierlich begangene »Tag des Hundes« ist eine alte japanische Tradition, die gleichzeitig das erste Fest eines Japaners vier Monate vor seiner Geburt darstellt. Da der Hund in dem Ruf steht, seine Jungen leicht zu gebären, ist das Überreichen und Umlegen eines Mutterschaftsgürtels aus Rohseide am »Tag des Hundes« eine symbolische Handlung, die der Frau eine leichte Geburt verheißen soll.

Kleine Holzakitas legt man neben niederkommende Frauen, damit die Geburt möglichst schmerzlos verlaufen möge. In Krankheitsfällen werden diese Symbolfiguren als Ausdruck des Wunsches geschenkt, der Kranke möge bald genesen. Säuglinge werden vier Wochen nach der

16

Geburt zu einer Zeremonie in den Shintotempel gebracht. Nach der Rückkehr von den Feierlichkeiten werden den Kindern neben anderem Spielzeug kleine Akitafiguren geschenkt, die als Symbol späterer Kraft, Gesundheit und Intelligenz gelten. Legt man diese Figuren in die Nähe eines Neugeborenen, beschützen sie es; hängt man sie über den Kopf des Kindes, weint es nicht. Die Figur schützt dann vor bösen Träumen.

In den japanischen Tierkreiszeichen, die in Form eines Kompasses angeordnet sind und mit dem westlichen Tierkreis keine Ähnlichkeit haben, nimmt der Hund seinen Platz im West-Nord-Westen ein. Da diese Zeichen mit den Monaten übereinstimmen, fällt das Tierkreiszeichen des Hundes auf den Monat November.

Geschichtlich gesehen ist der Akita-Inu ein Hund, dessen Haltung ausschließlich den vom Kaiser mit Ehren und Privilegien versehenen Personen vorbehalten war.

Die Farbzusammenstellung der geflochtenen Hundeleinen aus Baumwolle, die, je nach Rang des Hundehalters, mit Gold- oder Silberfäden reichlich durchwirkt und verziert waren, richtete sich nach den Farb-

Akita-Inu mit japanischer Hundeleine.

schattierungen des Hundes. Leine und Hund bildeten eine den ästhetischen Vorstellungen entsprechende Harmonie.

Um den Status des Hundes zu unterstreichen, entwickelte man eine eigene Sprache, die nur für den Umgang mit Akita-Inus bestimmt war. Das Zeremoniell der Pflege und Fütterung dieser kostbaren Tiere wurde von eigens dafür eingesetzten Hundedienern durchgeführt und unterlag strengster Überwachung.

Zur Höhe des Feudalzeitalters, des Shogunats der Tokugawa, im Jahre 1603 wurde der Akita-Inu auch als Kampfhund für Hundekämpfe in der Öffentlichkeit eingesetzt.

Erst 1926, seit der Thronbesteigung des jetzigen japanischen Kaisers Hirohito, wurden Hundekämpfe verboten. Im Verlaufe seiner Regierungszeit unterstellte man die Akita-Inus dem Schutz der Regierung und erklärte sie zu einem »Denkmal japanischer Kultur«.

Als japanischem Nationalhund sind ihm verschiedene Denkmäler errichtet worden. Hierzu zählt das Denkmal am Flughafen von Tokio, das — wie bereits erwähnt — an die zwölf überlebenden Schlittenhunde der Expedition von 1957 erinnert.

Die Verehrung dieser Hunde hat dazu geführt, daß man einen Akita-Inu sogar auf einer Briefmarke abbildete.

Seit etwa 20 Jahren gibt es Akita-Inus auch in Europa. Man übernahm die für diese Rasse gültigen Standardbestimmungen von den japanischen Organisationen.

Der Akita-Inu auf der Briefmarke.

Die Rassekennzeichen des Akita-Inus

Die nachstehenden Bestimmungen der Rasse des Akita-Inus wurden in dieser Zusammenstellung vom Deutschen Akita-Inu-Verein e.V. in Kiel übernommen.
Allgemeine Erscheinung und Charakter:
Der große Schlag des japanischen Spitzes wirkt massig, imposant, ist kurzhaarig, besitzt kleine Stehohren und eine Ringelrute. Er ist zuverlässig, aktiv, flink und würdevoll. Das Verhältnis von Widerristhöhe zur Brusthöhe ist 2 : 1, und das Verhältnis von Widerristhöhe zur Rumpflänge ist bei Rüden 100 : 110, bei Hündinnen 100 : 120.

Kopf. Trocken; Schädel ziemlich breit zwischen den Ohren und flach. Jochbogen gut entwickelt. Stop mäßig. Der Schädelknochen hat an der Stirn eine senkrechte Vertiefung.

Fang. Kräftig, mittellang, unter den Augen gut gefüllt. Nasenrücken gerade, zur Kuppe hin spitz zulaufend. Lefzen gerade und gut schließend, vollständiges Scherengebiß.

Nase. Schwarz; nur bei weißen Hunden ist eine rosa Nase erlaubt.

Augen. Dunkelbraun, klein und tiefliegend. Augenschlitz dreieckig und schräg, so daß der innere Augenwinkel viel tiefer liegt als der äußere.

Ohren. Klein, dreieckig, hoch angesetzt und aufgerichtet getragen; leicht nach vorn über die Augen geneigt, dick.

Hals. Mittellang, nicht zu kurz, schön gebogen.

Rumpf. Rücken gerade, kurz und kräftig. Lendenpartie kräftig und kurz. Brust tief und gut entwickelt. Rippenkorb mäßig gewölbt.

Rute. Hoch angesetzt, ziemlich kurz und kräftig, in leichtem Bogen oder geringelt über dem Kreuz getragen, Spitze über den Schenkeln herabhängend, dick und reichlich behaart, kräftig nach links, rechts oder gerade, einfach oder doppelt geringelt. An der Rute wachsen lange Grannen.

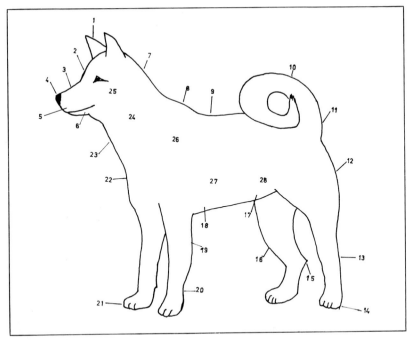

Akita-Inu (Standard)

1 Stehohren	8 Widerrist	15 Fersenbein	22 Vorderbrust
2 Stop (Stirnabsatz)	9 Rücken	16 Kniegelenk	23 Kehlrand des Halses
3 Nasenrücken	10 Ringelrute	17 Unterbauch	24 Hals
4 Nasenkuppe mit Nasenlöchern	11 Rutenansatz	18 Unterbrust	25 Backe
5 Oberkiefer mit Oberlefze	12 Oberschenkel	19 Unterarm	26 Schultergegend
6 Unterkiefer mit Lefze	13 Unterschenkel	20 Vordermittelfuß	27 Seitliche Brustwand
7 Genick	14 Hinterpfote	21 Vorderpfote	28 Flanke

Gliedmaßen. Vorderhand: Schulterblätter gut entwickelt. Ellbogen anliegend. Läufe gerade und kräftig. Hinterhand: Läufe kräftig bemuskelt. Sprunggelenke mäßig gewinkelt, gerade gestellt. Ballen groß, dick und rund, die vorderen etwas größer.

Haar. Deckhaar mittellang, hart, gerade und gut abstehend. Unterwolle reichlich weich und wollig.

Farbe. Rehfarben, weiß, weizenfarbig, schwarz, graubraun, aschgrau, silbergrau, stahlblau, schwarz mit roten Abzeichen, auch gestromt.

Gründe zur Disqualifikation: Schwarze Zunge, ungeringelte Rute, nichtstehendes Ohr, Mißgeburt, Vor- und Hinterbeißer und Kryptorchiden.

Rüden erreichen bei einer Körperhöhe bis 75 cm ein Gewicht von 70 kg, Hündinnen bei 65 cm Körperhöhe 60 kg.
Es würde den Rahmen dieses Buches sprengen, nacheinander sämtliche Standard-Bestimmungen aller Schlittenhundrassen aufführen zu wollen. Daher soll auf die übrigen Schlittenhunde nur kurz eingegangen werden.

Der Alaskan Malamute

Der Alaskan Malamute ist von Kraft und Ausdauer dem Akita-Inu gleichzusetzen. Als vor 2000 Jahren die Ahnen der Malamuten, einem Stamm, der aus Sibirien kam, nach Alaska eingewandert waren, hatten sie

Aufmerksamer Alaskan Malamute.

ihre kräftigen Schlittenhunde mitgebracht. Erst Mitte der zwanziger Jahre wurden diese Tiere erstmalig auf einer Ausstellung gezeigt. Zuvor war lediglich reisenden Kaufleuten und Missionaren aufgefallen, mit welcher Leichtigkeit die Eingeborenen ihre mächtigen Hunde zu lenken verstanden.

Der Alaskan Malamute ist ein freundlicher Hund. Seine Augen sind braun und mandelförmig. Es gibt ihn mit hellgrauem bis schwarzem Fell. Die Abzeichen im Gesicht sind haubenförmig oder verlaufen in Maskenform. Rüden erreichen bei einem Gewicht von 39 kg eine Schulterhöhe von 63,5 cm, Hündinnen bei 34 kg etwa 58,5 cm.

Die Eskimohunde

Obwohl man als »Eskimohunde« anfangs alle Hunde bezeichnete, die von den Eskimos zum Schlittenziehen eingesetzt wurden, haben sich zwei Rassen herausgebildet, die nach ihrer geographischen Herkunft

Ein freundlicher Samojede.

benannt werden. Die in verhältnismäßig großer Anzahl gehaltenen Grönlandhunde gelten als die zähesten Schlittenhunde. Obwohl sie von den Eskimos oft schlecht behandelt werden, ist ihr Verhältnis zum Menschen dennoch hervorragend.

Der **Grönlandhund** ist ein starker Schlittenhund, der harte und ausdauernde Arbeit unter arktischen Bedingungen leistet. Die Farbe seiner Augen kann der Tönung des Fells angepaßt sein, jedoch werden dunkle Augen bevorzugt. Die Vorder- und Hinterläufe dieser Hunde sollen gerade sein. Bis auf Albinos sind alle Farbschläge zugelassen. Rüden der Grönlandhunde wiegen bei einer Schulterhöhe von 60 cm etwa 40 kg, Hündinnen bis 55 cm Schulterhöhe etwa 32 kg.

Der **Kanadische Eskimohund** ist etwa mit dem Grönlandhund zu vergleichen, zumal seine Vorfahren aus Grönland stammen. Die Rüden können eine Schulterhöhe von 64 cm erreichen. Das Gewicht liegt dann bei 40 kg. Hündinnen erreichen Schulterhöhen von 58 cm und wiegen etwa 32 kg. Das Deckhaar kann bis zu 15 cm lang sein, die Unterwolle bis etwa 5 cm. Die Fellstärke hängt wesentlich von den Klimaverhältnissen ab.

Der Samojede

Dieser Hunderasse sagt man nach, sie würde etwas von der glücklichen Lebensart der Samojeden, des Nomadenvolkes vom sibirischen Jenissei, in sich haben. Das ständige Lächeln dieses weißen Hundes, der ursprünglich als Hütehund gezüchtet wurde, zeigt sein ausgeglichenes Wesen. Seine besonders innige Zuneigung zum Menschen wird auf die frühere Haltung dieses Hundes zurückgeführt.

Samojedenrüden erreichen eine Schulterhöhe von 60 cm, Hündinnen etwa 54 cm. Das Gewicht soll in einem angemessenen, proportionierten Verhältnis zur Größe stehen. Es gibt diesen Hund in Reinweiß, Bisquit und Cremefarben. Eine schwarze Nase ist erwünscht, sie kann aber auch braun sein. Blaue Augen wären jedoch ein Grund zur Disqualifikation.

Der Sibirian Husky

Der Sibirian Husky stammt aus Ostsibirien. Er gilt als der schnellste, anmutigste und gleichzeitig leichteste Schlittenhund, der es versteht, seine ganze Kraft unglaublich gut auf die Aufgabe des Schlittenziehens zu

Sibirian Husky.

konzentrieren. Einen Namen machte er sich im Jahre 1925 durch seine Teilnahme an der lebensrettenden Stafette von Nemana nach Nome in Alaska. Heute ist er bei allen Schlittenhundrennen zu bewundern.

Der Sibirian Husky ist ein aufmerksamer und beweglicher mittelgroßer Hund. Seine Augenfarbe ist braun oder blau. Es kann sogar vorkommen, daß er ein braunes und ein blaues Auge hat. Auch das ist im Standard zugelassen, aber nicht erwünscht. Alle Fellfärbungen sind zugelassen, die üblichen Farben sind wolfs- und silbergrau, sandfarben und schwarz mit weißen Abzeichen. Oft sieht man maskenähnliche Zeichnungen. Rüden erreichen eine Schulterhöhe von 60 cm, Hündinnen hingegen 55 cm. Das Gewicht des Rüden liegt bei etwa 25 kg, eine Hündin wiegt etwa 22 kg. Zu große Tiere werden disqualifiziert.

Standardbestimmungen sind zwar für den Hundebesitzer interessant, sie werden aber weniger zur Kaufentscheidung für eine bestimmte Rasse führen. Für den Hundefreund sind Überlegungen im Hinblick auf die Verhaltensweisen der Hunde in der Familie, im Haus oder im Garten wichtig.

Verhalten und Charaktereigenschaften der Schlittenhunde

Wer zur Hundehaltung entschlossen ist, sollte sich über die besonderen Verhaltensmerkmale und die Charaktereigenschaften der gewünschten Rasse informieren. Entspricht der Hund den eigenen Vorstellungen, kann man sich für diese Rasse endgültig entscheiden.

Ein weißer Wirbelwind...

Was stellt man sich unter einem Schlittenhund vor? Natürlich ist sein Fell weiß wie Schnee — oder? Wer sich mit Schlittenhunden beschäftigt, wird feststellen, daß es Fellfarben dieser Hunde in allen Farbschlägen von weiß bis schwarz gibt, häufig mit gemischten Farbschattierungen und ausgefallenen Zeichnungen und Gesichtsmasken.

Schlittenhunde müssen nicht weiß sein.

Die Schlittenhunde, deren Tatendrang und Energie mit einer tiefverwurzelten Jagdleidenschaft verbunden ist, entwickeln sich dank ihrer großen Selbständigkeit und Unabhängigkeit zu begeisterten Spaziergängern, Jägern und Entdeckern. Überläßt man demnach seinen unangebundenen Schlittenhund längere Zeit sich selbst, kann man damit rechnen, schon bald die ersten Beschwerden der Nachbarn oder der Bewohner entfernterer Straßenzüge zu erhalten. Man wundert sich auch nicht, wenn der Hund bei der abendlichen Fütterung trotz weiter Ausflüge zur Appetitlosigkeit neigt. Das liegt dann vermutlich daran, daß er sich kurzerhand zum Selbstversorger erklärt und die frisch eingetroffenen zwölf Entenküken des übernächsten Nachbarn gerupft und teilweise verspeist hat. Eines ist sicher: Der Schlittenhund kehrt immer von seinem Ausflug nach Hause zurück. Den Zeitpunkt seiner Rückkehr aber bestimmt er.

Schlittenhunde lieben die Bewegung

Schlittenhunde besitzen einen schier unermüdlichen Bewegungsdrang. Sie müssen die Möglichkeit bekommen, diese Energien wenigstens teilweise abzubauen.

Lange Wanderungen mit seinem Herrn bereiten dem Schlittenhund Vergnügen. Begeisterung löst man bei ihm erst aus, wenn man sich auf das Fahrrad setzt und mit seinem Hund eine längere Strecke zurücklegt. Natürlich legt er sehr viel Wert darauf, daß das täglich geschieht.

Unverantwortlich wäre es, Kinder mit einem Schlittenhund an der Leine spazierengehen zu lassen. Kein Kind hat die Kraft, ein ausgewachsenes Tier, das sich etwas vorgenommen hat, festzuhalten. Kinder haben darüber hinaus die Angewohnheit, im Falle eines Hundekampfes dazwischenzugehen, um ihren Liebling zu retten. Das ist gefährlich, und die oft schweren Folgen eines solchen Handelns sind voraussehbar.

Im übrigen kann jeder Hundehalter nur darauf hingewiesen werden, den täglichen Spaziergang so zu gestalten, daß der Schlittenhund genügend freien Auslauf erhält. Man sollte auch öfters einen anderen Weg einschlagen. Schon nach wenigen Tagen, an denen man mit dem Hund die gleiche Strecke gelaufen ist, stellt man ein zunehmendes Desinteresse fest. Wird dann ein anderer Weg gewählt, ist der Hund plötzlich wieder mit interessierter Nase und wachen Augen und Ohren dabei.

Es gibt für den Schlittenhund keine größere Freude, als im Gespann vor dem Trainingswagen oder dem Schlitten zu laufen. Das jedoch würde

Schlittenfahren einmal anders.

bedeuten, man müßte mehrere Schlittenhunde halten. Ein besonderer Vorteil läge darin, daß mehrere Hunde sich hervorragend spielerisch miteinander beschäftigen und dadurch einen großen Teil ihrer überschäumenden Kraft abbauen könnten. Bei mehreren Exemplaren dieser Rasse ist es noch wichtiger, die Tiere unter Kontrolle, also am besten hinter einer Umzäunung, zu halten, da man sich leicht vorstellen kann, welchen Schaden im Tierbestand der Umgebung ein freilebendes Rudel (wenn auch ein kleines) dieser naturnahen und ursprünglichen Rasse anrichten kann.

Der japanische Polarhund Akita-Inu allerdings verfügt über eine gewisse Haustreue, wie man sie beispielsweise vom Spitz her kennt. Es ist ohne weiteres möglich, Hündinnen dieser Rasse auf dem Grundstück zu halten, ohne es zu umzäunen. Nur selten werden sie — eine konsequente

27

Erziehung vorausgesetzt — das Grundstück verlassen, und sei es auch nur, um ein paar Meter zu wandern.

Der Schlittenhund ist trotz der Freiheitsliebe und seines Entdeckerdranges ein sehr zutrauliches Tier. Selbst gegenüber Fremden verhält sich dieser Hund offen und freundlich. Diese Verhaltensweise ist auf die Lebensform der Menschen zurückzuführen, die in der Weite und Einsamkeit der Arktis froh sind, wenn andere zu ihnen stoßen. Ihre Hunde sollen diesen Fremden freundlich gegenüberstehen und sie nicht durch übersteigerte Schärfe vertreiben.

Vorsicht! Alberner Hund!

Schlittenhunde sind keine Wachhunde. Natürlich bellen sie, sobald sich ihrem Bereich jemand nähert. Niemals werden sie dem Fremden gegenüber ein aggressives Verhalten zeigen. Es wäre ein grober Charakterfehler, der übrigens in Amerika zum Ausschluß bei Ausstellungen führen würde, wenn der Schlittenhund aggressiv reagiert.

Er hat ein gutes Verhältnis zu Kindern.

Ich habe in diesem Zusammenhang erfahren, daß der Besitzer eines scharfen, ausgebildeten Schäferhundes alles daransetzte, unseren Hund während unserer Abwesenheit furchtbar zu reizen, um festzustellen, ob er nicht doch »scharf« gemacht werden könne. Handlungsweisen solcher »Hundefreunde« sind unverantwortlich. Sie zeigen in erster Linie ihre Unwissenheit.

Die ausgesprochene Freundlichkeit, ihre charakterliche Zuverlässigkeit und die fast alberne Verspieltheit sind es, die diese Hunde zu beliebten Familien- und Begleithunden machen.

Der Schlittenhund liebt seinen Herrn über alles, er erkennt die anderen Familienmitglieder als zum Rudel gehörend an. Kinder haben in seiner Vorstellung nur den Rang eines Welpen. Man spielt mit ihnen, man erzieht sie, aber man nimmt sie nicht ganz ernst.

Schlittenhunde entwickeln oft Partnerschaften zu anderen Haustieren. Sie lernen sehr schnell, zwischen den zu schützenden eigenen und den »jagdbaren« Hühnern des Nachbarn zu unterscheiden.

Kommt einmal ein kleinerer fremder Hund auf das Grundstück, auf dem der Schlittenhund zu Hause ist, kann es geschehen, daß er ihn derart vom Grundstück entfernt, indem er mit der Schnauze unter den Hund geht, ihn anhebt und auf diese Weise über den niedrigen Zaun wirft. Ein ähnliches Verhalten hat man bei den Wölfen beobachtet.

Schlittenhunde sollte man nach Möglichkeit draußen im Zwinger halten, um einer Verweichlichung vorzubeugen. Sie können bei jedem Wetter außerhalb des Hauses leben. Bei Schneefall lassen sie sich oft ganz einschneien. Im Zwinger oder im Hof deuten dann nur kleine Erhebungen im Schnee darauf hin, daß dort möglicherweise der Hund schläft. Die Tiere rollen sich ein und legen ihre Ringelrute als Schutz über die Nasenlöcher. Auf diese Weise macht ihnen Schnee nichts aus. Stößt man seinen Pfiff aus, gerät der kleine Schneeberg langsam in Bewegung, und der Schlittenhund kommt frisch und freundlich hervor.

Allerdings ist der Schlittenhund auch nicht böse, wird er mit ins Haus genommen, um dort zu leben.

Ich kenne beispielsweise eine Hündin, die es genießt, sich in das gemachte Bett ihres Herrn zu legen, um dann in aller Ruhe Dominosteine oder andere Leckereien, die sie auf dem Nachttisch entdeckt, zu naschen. Im übrigen liebt auch sie den Aufenthalt im Freien.

Freundschaftliche Begrüßung.

Schlittenhunde sprechen eine andere Sprache

Unter den Schlittenhunden findet man selten wirkliche »Kläffer«. Selbstverständlich können sie bellen, aber das beschränken sie auf ein Minimum, was von den Nachbarn als äußerst angenehm empfunden wird. Jeder Besitzer eines Schlittenhundes freut sich, wenn sein Hund ihn beim Nachhausekommen mit freundlichem Heulen begrüßt. Dieses Heulen klingt wie ein langgezogenes »Huuuh«. Läßt der Schlittenhund dieses »Huuuh« im Beisein anderer Hunde ertönen, kann das manchmal zu Mißverständnissen führen. Ich erinnere mich daran, daß unser Hund einem Schäferhund, der uns auf einem Spaziergang begegnete, seine freundlichen Ovationen entgegenbrachte. Dieser verstand offenbar die »Fremdsprache« nicht und betrachtete das freundliche Heulen als ein angriffslustiges Knurren. Er fiel sofort über unseren völlig verstörten Hund her und prügelte sich mit ihm.

Sollten Sie einmal Gelegenheit haben, bei einem Züchter mehrere Schlittenhunde zu sehen, werden sie — oft gegen Abend — von dem gemeinsamen Heulen dieser Tiere überrascht sein. Dieses tägliche »Singen« hält einige Minuten an.

Der Schlittenhund und unser Klima

Kann der Hund eigentlich unser Klima vertragen? Diese Frage beschäftigt jeden, der daran denkt, sich einen Schlittenhund anzuschaffen. Grundsätzlich ist dazu zu sagen: Schlittenhunde werden seit vielen Jahren selbst im sonnenreichen Kalifornien gehalten. Man muß sich bei dieser Frage vor Augen führen, daß in Alaska im Winter Temperaturen von minus 40° Celsius herrschen, diese aber im kurzen Hochsommer durchaus 35° plus erreichen können. Die Hunde passen sich Temperaturunterschieden von fast 80° mühelos an.

Natürlich wäre es unsinnig, einen Schlittenhund bei hochsommerlichen Temperaturen durch die Mittagshitze zu jagen. Er liebt dann eher einen ruhigen Schattenplatz und entwickelt erst in den kühleren Abendstunden wieder sein reges Interesse an Spaziergängen.

Der Schlittenhund als Renommierstück

Entschließt man sich zum Erwerb eines Schlittenhundes, darf man sicher sein, ein Tier zu besitzen, daß nicht nur zu jeder Zeit ein anschmiegsamer, aufmerksamer Begleiter auf allen Wanderungen ist, sondern das auch immer wieder Aufsehen erregt. Nicht selten bilden sich ganze Trauben von Menschen um einen, die alle viele Fragen zu den Hunden haben. Das könnte dazu verleiten, einen Schlittenhund als reines Renommierstück zu kaufen und ihn anstelle einer Bodenvase in den Hausflur zu setzen. Sie würden aber wenig Freude an dem unausgeglichenen Hund haben, wenn er nur diese Funktion erfüllen dürfte. Man sollte sich dann vielleicht doch lieber zum Kauf einer Bodenvase entschließen.

Überlegungen beim Kauf

Hündin oder Rüde?

Ist die Entscheidung zum Kauf eines Schlittenhundes gefallen, muß man sich mit der Frage auseinandersetzen, ob man einen Rüden oder eine Hündin nehmen sollte. Wer züchten will, wird sich ohnehin für eine Hundedame entscheiden.

Hündinnen sind meist anschmiegsamer und heimtreuer, aber sie sind seelisch etwas komplizierter. Zweimal im Jahr tritt für drei Wochen die Läufigkeit ein. Man sollte in dieser Zeit besonders auf das Tier eingehen, da es dann launisch werden und mit dem ihm bekannten Futter plötzlich wählerisch umgehen kann. Hinzu kommen Schwierigkeiten mit fremden Rüden, die, tagelang vor der Haustür liegend, auf ein Rendezvous mit der Angebeteten warten. Die Hündin selbst neigt während der Hochhitze dazu, unruhig hin- und herzulaufen. Es gibt Hündinnen, die jede Gelegenheit wahrnehmen, aus dem Haus zu verschwinden, um einen Verehrer zu treffen.

Während der Läufigkeit färben die Hündinnen, das heißt, ihrer Aussonderung, die von der Gebärmutterschleimhaut stammt, ist Blut beigemischt. Das Färben dauert etwa zehn Tage, läßt aber während der letzten Tage stark nach.

Es gibt verschiedene Möglichkeiten, die Läufigkeit zu verschieben, so daß man seine Hündin für die Fahrt in den Urlaub vorbereiten kann. Auf diese Weise verhindert man einen Rüdenauflauf vor dem Hotel. Ich meine jedoch, man sollte auf diese Medikamente nur zurückgreifen, wenn kein natürlicher Ablauf der Läufigkeit möglich ist.

Rüden sind oft aktiver und unempfindlicher. Sie neigen eher zum Streunen. Manchmal muß man sie mit kräftiger Hand daran erinnern, wer der »Leithund« des Rudels ist. Ihre Hauptbeschäftigung ist es, alle Ecken nach läufigen Hündinnen abzusuchen.

Sind sie fündig geworden, liegen Rüden stundenlang und mit einer Engelsgeduld vor fremden Häusern herum, um auf eine passende Gelegenheit zu warten.

Ausgelassenes Spiel.

Die Entscheidung für einen Rüden oder eine Hündin müssen Sie selbst treffen. Dabei sollten sie auf jeden Fall bedenken: Nicht jede Hündin ist überempfindlich, nicht jeder Rüde rauh und ungehobelt. Bei den Schlittenhunden erlebt man es häufig, daß der Leithund eines Rudels eine charakterlich robuste Hündin ist. Dieses Tier wird, obwohl es nicht grundsätzlich körperlich das stärkste sein muß, von an Gewicht und Größe überlegenen Rüden als Leithund akzeptiert.

Ich habe es oft erlebt, daß die endgültige Entscheidung für einen Rüden oder eine Hündin erst an Ort und Stelle beim Züchter getroffen wurde. Dann ließ man sich durch das Verhalten der Welpen, die man sehr lange und genau beim Spiel beobachtet hatte, verleiten, das lebhafteste Tier oder den zutraulichsten Hund auszuwählen. Erst danach wurde die Frage an den Züchter herangetragen, ob das ein Rüde oder eine Hündin sei.

Wo kauft man einen Schlittenhund?

Am besten kauft man den Hund direkt beim Züchter. Die Adressen der Züchter erfährt man über die entsprechenden Vereine. Vereinsanschriften wiederum werden auf Anfrage zum Beispiel vom Verband für das Deutsche Hundewesen (VDH) in Dortmund oder vom Rassehunde-Zucht-Verband Deutschland (RVD) in Wiesbaden herausgegeben.

Ein Züchter wird Sie auf Besonderheiten in der Haltung, Ernährung und Pflege der Tiere aufmerksam machen können.

Für den Anfänger in der Hundehaltung ist es wichtig zu wissen, wie er seinen Welpen möglichst problemlos an die neue Umgebung gewöhnen kann. Im persönlichen Gespräch mit dem Züchter läßt sich in Erfahrung bringen, was der junge Hund als Futterration erhalten hat. Oft gibt der Züchter für die ersten Tage der Umstellung eine ausreichende Menge des gewohnten Futters mit, um dem Tier möglichst die Anfangszeit beim neuen Besitzer zu erleichtern.

Ein vernünftiger Züchter wird sich die Zeit nehmen, mit Ihnen über mögliche Fehler in der Fütterung und Haltung der Welpen zu reden.

Das ideale Geschenk?

Grundsätzlich sollte unterlassen werden, jemandem als Geburtstags- oder Weihnachtsüberraschung einen Schlittenhund vor die Tür zu setzen. Zum einen könnte das bedeuten, man kauft das Tier möglicherweise zu einem denkbar ungünstigen Zeitpunkt, zum anderen würde man Verantwortung für ein Lebewesen auf eine andere Person übertragen, die sie in dem Umfange, wie es für die vernünftige Entwicklung des Hundes notwendig wäre, vielleicht gar nicht übernehmen möchte. Es gehört zudem eine gewisse Übereinstimmung zwischen Mensch und Tier dazu, die aber nur derjenige spüren kann, der den Hund in aller Ruhe und mit allen Konsequenzen beim Züchter für sich selbst aussucht.

Wann kann man den Hund vom Züchter abholen?

Das richtige Anschaffungsalter ist der dritte Lebensmonat. Die Entwöhnung des Welpen von der Mutter hat dann bereits begonnen. Der Welpe kann schon feste Nahrung aufnehmen und entwickelt sich langsam zu einem eigenständigen Wesen, das seelisch unabhängig wird. Man sollte alles daransetzen, seinen Welpen selbst vom Züchter abzuholen. Es gibt zwar die Möglichkeit, das Tier mittels einer Transportkiste liefern zu lassen. Wer einmal einen völlig eingeschüchterten Welpen aus solch einer engen und dunklen Kiste hat »aussteigen« sehen, wird bedauern, diesen unwürdigen, wenig tierliebenden Weg der »Zustellung« gewählt zu haben.

Die Ahnentafel und der Impfpaß

Wer beabsichtigt, mit seinem Hund Ausstellungen zu besuchen oder ihn zur Zucht zu verwenden, sollte den Hund beim Züchter kaufen, da dieser die Ahnentafel vom Zuchtbuchamt ausstellen lassen kann. Die Ahnentafel beinhaltet die genaue Rassebezeichnung des Hundes, seinen Namen mit der Zwingerbenennung, den Wurftag, das Geschlecht und die Fellfarbe. Nachdem der Züchter die Namen der Eltern-, der Großeltern- und Urgroßelterntiere in die Ahnentafel eingetragen hat, unterzeichnet er den Ahnenpaß. Vom Zuchtbuchamt und vom Verein werden Bestätigungen dieser Eintragungen vorgenommen.

Nur mit einem vollständigen Ahnenpaß wird der Schlittenhund auf Ausstellungen in die Wertung genommen.

Ein zweites Dokument, das Sie vom Züchter erhalten, ist der Impfpaß des Hundes. Der behandelnde Tierarzt trägt die gegebenen Spritzen, insbesondere die für den Grenzübertritt und den Ausstellungsbesuch wichtige Tollwutimpfung, in den Impfpaß ein. Beim Erwerb des Hundes sollten Sie darauf bestehen, daß man Ihnen einen Impfpaß mit den Eintragungen aller bis dahin erfolgter Impfungen übergibt.

Welche Impfungen ein Welpe bekommen haben müßte, entnehmen Sie bitte dem im Kapitel »Gesundheit« angegebenen Impfplan.

Was kostet ein Schlittenhund?

Der Kaufpreis

Wie bei allen ausgefallenen Rassen richtet sich auch der Preis eines Schlittenhundes nach Angebot und Nachfrage. Mit etwas Glück ist er schon für 300 Mark zu haben. Jedoch sind Preise von 1500 Mark auch keine Seltenheit. Soviel muß man anlegen, wenn man einen Welpen aus einer Spitzenzucht mit prämierten Elterntieren erwerben will. Die Züchter, die durch die verkauften Welpen allenfalls einen Teil der Kosten decken können, werden über den Preis mit sich reden lassen, wenn sie das Gefühl haben, einen tierliebenden, vertrauenswürdigen Interessenten vor sich zu haben. Mitunter ist es ihnen lieber, ihre Tiere gegen einen geringeren Kaufpreis abzugeben, als vom weniger guten Tierhalter einen besseren Preis zu erzielen.

Es kommt vor, daß Züchter wesentlich höhere Preise fordern. Dadurch ergibt sich aber für die züchterische Zukunft das Problem, daß diejenigen, die bereit sind, 3000 Mark und mehr für ein Tier zu zahlen, meistens nicht zu den späteren Züchtern gezählt werden können. Das führt zu einer Überalterung des Zuchtbestandes und einer jährlich geringer werdenden Welpenzahl. Solch eine Entwicklung liegt aber nicht im Interesse der Rassehundevereine.

Aus der Sicht des Züchters wäre es ebenso falsch, Schlittenhunde weit unter Wert zu verkaufen beziehungsweise fast zu verschenken, weil dadurch leicht die Gefahr bestünde, Personen anzusprechen, die für die rassegerechte Fütterung, Pflege und Unterbringung der Tiere nicht die notwendigen Mittel aufbringen können.

Kosten für Pflege und Ernährung

Die Kosten für die Pflege und Ernährung eines Schlittenhundes liegen im Monat zwischen 120 und 140 Mark. Diese Verpflegungskosten erhöhen sich, wenn sich der Schlittenhund im Training oder im Rennen befindet. Wer, um Kosten einzuschränken, nun auf die Idee käme, seinen Hund mit Küchenabfällen zu füttern, sollte sich besser ein Schwein anschaffen oder

Der gemeinsame Spaziergang.

das Fassungsvermögen seiner Mülltonne vergrößern. Zu einem gesunden und gepflegten Hund gehört selbstverständlich auch eine ausgewogene Ernährung.

Haftpflichtversichert sollte man sein!

Jeder, der sich einen Hund kauft, sollte eine Hundehaftpflichtversicherung abschließen. Viele sind bereits privathaftpflichtversichert. Hier würde nur eine Erweiterung des Versicherungsumfanges auf den Hund vorgenommen werden. Die Kosten erhöhen sich dadurch. Über besondere Zwingerhaftpflichtversicherungen für mehrere Hunde gibt jede Versicherungsgesellschaft Auskunft.
Man kann durch eine Versicherung Gefahren zwar nicht ausschließen, man kann sich aber finanziell absichern. Wie schnell ist es geschehen, daß der Hund vor ein Auto gerät oder nur die vor der Haustür des Nachbarn abgestellten Sommerschuhe aus feinstem Naturleder in seinen Speiseplan miteinbezieht. Besonders Welpen sind in dieser Hinsicht sehr beweglich.

Die Hundesteuer

Diese Steuern werden von den Städten und Gemeinden erhoben. Sie sind örtlich unterschiedlich hoch und erst für den über drei Monate alten

Hund fällig. Die Hundesteuer sollte nicht als Ärgernis gesehen werden oder sogar als Grund, seinen Hund zu veranlassen, sein »großes Geschäft« nun extra auf Kinderspielplätzen oder vor dem Rathaus zu verrichten, weil man schließlich Hundesteuer bezahlt hat. In Frankreich wurde die Hundesteuer abgeschafft. Bei uns ist diesbezüglich leider noch nichts geschehen. Vorläufig werden wir unsere Hundesteuer weiter entrichten müssen. Aber trösten wir uns: Ein Hund mit umgehängter Steuermarke ist doch schon fast ein »Staatsdiener«!

Kosten für den Schlitten und den Trainingswagen

Wer die Absicht hat, sich ein Schlittenhundgespann zusammenzustellen, muß in erster Linie die Anschaffungskosten und den Unterhalt für mehrere Schlittenhunde berücksichtigen. Ferner fallen die Kosten für einen Schlitten und — für die Zeit, in der kein Schnee liegt — für einen Trainingswagen an. 3000 bis 3500 Mark sollte man hierfür einkalkulieren. Man sieht, es ist ein aufwendiges, wenn auch kein alltägliches Hobby, ein Hundegespann zu besitzen. Zudem kann man zeitweise das Erlebnis genießen, auf großartige Weise durch die verschneite Landschaft zu fahren.

Zwingerkosten

Die Unterbringung eines Schlittenhundes könnte am besten im Zwinger erfolgen, den man selbstverständlich auch selber bauen kann. Wer dieses in der Verlagsgesellschaft Rudolf Müller erschienene Buch liest, weiß, es kommt aus dem gleichen Verlag, der auch die umfangreiche Sachbuchreihe »Fachwissen für Heimwerker« herausgibt. Jeder, der sich dadurch wichtige Grundkenntnisse im Mauern, Zimmern und Schlossern aneignet, wird die Kosten für die Herstellung eines Zwingers erheblich reduzieren können. Ein gutes Beispiel zum Nachbauen einer Hundehütte und eines Zwingers finden Sie in dem Buch »Bernhardiner« aus der Sachbuchreihe »dein hund«.

Haltung der Schlittenhunde

Gewöhnung der Schlittenhundwelpen ans Haus

Schlittenhunde sind keine Einmannhunde. Sie sind sehr leicht bereit, sich auf einen neuen Besitzer umzustellen. Allerdings ist auch ein Schlittenhundwelpe ein kleiner Hund, der das noch nicht weiß. Der Welpe, der bis zum Zeitpunkt seines Umzuges im Schutze seiner Mutter und Geschwister gelebt hat, muß sich erst an den neuen Lebensraum gewöhnen. Er muß mit seinem neuen Herrn Kontakt aufnehmen. Das geschieht in erster Linie durch die Futtergabe und das gemeinsame Spiel. An dieser Stelle sei noch ein kurzes Wort zur Fütterung gesagt. Häufig kommt es vor, daß Besucher dem Hund etwas zu fressen mitbringen und Wert darauf legen, daß es dem Hund sofort gegeben wird. Nach Möglichkeit sollte man diese unsinnigen Zwischenmahlzeiten von Anfang an vermeiden. Es wäre besser, das mitgebrachte Futter bis zu dem Zeitpunkt zurückzulegen, an dem der Hund sein reguläres Futter erhält. Ein Hund ist kein Kaninchen, das den ganzen Tag über frißt. Schon bald würde er zu den festen Fütterungszeiten in seinem Futter nur herumnasen und zu einem schlechten Fresser werden.

Es wäre im übrigen wenig ratsam, sich am Tag der Aufnahme in die neue Umgebung vor Stolz über den Neuankömmling Verwandte oder Bekannte ins Haus zu holen, die den großen Augenblick miterleben sollen. Das würde den armen Welpen nur verschrecken und mit Sicherheit nicht zu einem raschen Kontakt zwischen Hund und Herrn führen.

Ich habe es erlebt, daß Welpen sich in ihrer Not in der ersten Nacht anderen vierbeinigen Hausmitbewohnern anschlossen. Unsere Hündin zog es damals vor, in der ersten Nacht mit der Katze ein gemeinsames Lager im Hausflur zu teilen. Die Katze hatte dem Hund den Übergang so erleichtert, daß für ihn keinerlei Grund bestand, in jammervolle Klagegesänge zu verfallen und seinen Kummer in die Welt hinauszujaulen.

Welpen lieben die Körperwärme ihrer Mutter. Einen Welpen am ersten Tag sofort in den Zwinger zu stecken, wäre ein Fehler, der das Vertrauen des Tieres in seinen Besitzer erheblich beeinträchtigt. Man darf also den

Kleiner Hund mit wachen Augen.

sonst lieber draußen lebenden Schlittenhund mit ins Haus nehmen. Er sollte hier möglichst auf eine ihm vom Geruch her bekannte Hundedecke gelegt werden. Die Gewöhnung des Welpen an seinen Zwinger oder an den von ihm selbstgewählten Stammplatz im Haus muß dann schrittweise vorgenommen werden.

Haltung im Haus

Die Haltung des Schlittenhundes im Haus ist ebenso unproblematisch wie seine Unterbringung im Zwinger. Meistens wird der Hund seinen Stammplatz — der ihm am übersichtlichsten erscheint — selbst aussuchen. An diese Stelle legt man seine Decke.

Ein Welpe der Schlittenhundrassen ist wie ein kleiner Teddybär. Man sollte sich davor hüten, dem kleinen Hund während der ersten wichtigen Zeit seiner Erziehung und Gewöhnung zu gestatten, auf dem Sofa zu liegen oder etwa die Nacht als Dritter im Bett seiner Besitzer zu verbringen. Auch wenn es schwerfällt, man muß konsequent solche Vorstöße, die bestimmt kommen werden, verhindern. Ein Einzug mehrerer Schlittenhunde ins Schlafzimmer wäre gleichbedeutend mit einer Zwangsevakuierung der Besitzer. Ein einmal gewährtes Recht ist nur mit allergrößter Mühe wieder abzugewöhnen.

Die Zwingerhaltung

Schlittenhunde lieben den Aufenthalt im Freien. Allerdings wird auch der schönste Zwinger von dem Hund nicht als ein besonderes Zeichen der Liebe seines Besitzers angesehen. Kein Schlittenhund ist gern eingesperrt und allein. Man sollte am besten während der wärmeren Jahreszeit und bei schönem Wetter die langsame Gewöhnung an den Zwinger vornehmen. Stets muß der Zwinger für den Hund mit angenehmen Erlebnissen verbunden sein. So sollte das Füttern auf alle Fälle im Zwinger erfolgen. Ein Sichtkontakt zum Herrn wäre in der ersten Zeit für das Tier sehr wichtig und würde die Gewöhnung erleichtern. Auf diese Weise läßt sich das anfängliche Jaulen und das heftige Reißen am Maschendraht einschränken und langsam abbauen.

Nach § 4 der Verordnung über das Halten von Hunden im Freien (BGBl. I S. 1265 v. 6. 6. 1974) dürfen Hunde nur dann in offenen oder teilweise offenen Zwingern gehalten werden, wenn ihnen innerhalb des Zwingers oder unmittelbar mit dem Zwinger verbunden ein Schutzraum zur Verfügung steht. Die Grundfläche des Zwingers muß der Zahl und der Art der auf ihr gehaltenen Hunde angepaßt sein. Für einen über 20 kg schweren Hund ist nach dieser Verordnung eine Grundfläche ohne Schutzraum von mindestens 6 m^2 erforderlich, für jeden weiteren in demselben Zwinger gehaltenen Hund, ausgenommen Welpen beim Muttertier, sind der Grundfläche 3 m^2 hinzuzurechnen.

Die Verordnung sieht weiter vor: Der Zwinger muß so beschaffen sein, daß eine Verletzungsgefahr für die Hunde ausgeschlossen ist. Mindestens eine Seite des Zwingers muß dem Tier die Sicht nach außen ermöglichen. Ein schattiger Platz bei starker Sonneneinstrahlung muß außerhalb des Schutzraumes verfügbar sein. Hunde dürfen im Zwinger nicht angebunden werden.

Wer mehrere Schlittenhunde besitzt, sollte nach Möglichkeit anstelle eines großen mehrere kleine Zwinger bauen. Bei Krankheitsfällen oder zur Desinfizierung ist die getrennte Unterbringung ratsam.

Ob nun der Hund im Haus oder im Zwinger gehalten wird, richtet sich nach den persönlichen Bedürfnissen und Gegebenheiten. Für jeden Schlittenhund aber ist es wichtig, ausreichend Auslauf zu haben und eine gute Erziehung zu bekommen.

Die Erziehung der Schlittenhunde

Es gibt die unterschiedlichsten Ansichten über Erziehungsmethoden beim Hund. Man sollte sich davor hüten, nach einem festen Klischee erziehen zu wollen. Die Erziehung eines Schlittenhundes sollte dem Charakter des Tieres angepaßt sein. Durch eine ruhig-bestimmte und liebevolle Haltung, viel Lob, Geduld und vor allem Fingerspitzengefühl läßt sich diese Aufgabe am besten erfüllen. Die Forderung, den Willen des Tieres zu brechen, ist in diesem Zusammenhang wohl als Armutszeugnis des Besitzers zu sehen, nicht aber als richtiges Erziehungsziel.
Eine Unsitte ist es, alle Befehle dem Hund in militärischer Lautstärke entgegenzuschreien. Schlittenhunde hören sehr gut, auch auf größere Entfernung.

Loben muß sein.

Soll die Erziehung schnell und sicher durchgeführt werden, muß man seinem Hund während des Übens Erholungspausen einräumen. Keine Übung sollte länger als zehn Minuten dauern. Das würde zu Ermüdungserscheinungen des Hundes und auch seines Besitzers führen. Allerdings ist es ratsam, mit dem jungen Schlittenhund täglich zu arbeiten. Arbeiten bedeutet in diesem Falle wirklich ernsthafte Beschäftigung. Sie darf nicht durch dauernde spielerische Einlagen unterbrochen werden. Es ist notwendig, im richtigen Moment zu loben und das Maß an Strafe oder Tadel sehr gering zu halten.

Ist eine Übung erfolgreich abgeschlossen worden, beendet man sie am besten mit entsprechend großzügigem Lob. Sie werden sehr schnell merken, mit welcher Begeisterung Ihr Schlittenhund seine ihm gestellten Aufgaben löst. Seine Selbständigkeit und Gelehrigkeit helfen ihm, fast alle Befehle rasch zu erlernen, sofern es Ihnen gelingt, sie ihm begreiflich zu machen.

Neben seiner Arbeit muß man dem Schlittenhund natürlich genügend Zeit zum freien, ausgelassenen Spiel lassen. Es wäre falsch, dieses Spiel nun ständig durch dazwischengerufene Befehle, die man abtesten möchte, zu unterbrechen. Das Tier wird rasch die Lust verlieren, ungezwungen zu spielen, im Gegenteil, es würde ständig mit einem Ohr weitere Befehle erwarten.

Welche Begriffe Sie für die einzelnen Übungen Ihres Schlittenhundes verwenden, bleibt Ihrer Phantasie überlassen. Entscheidend ist nur, daß man für die gleiche Aufgabe auch immer die gleichen Kommandos gibt. Man sollte möglichst nicht zu lange Anweisungen geben. Lange sachliche Ausführungen würden zwar außenstehende Beobachter in Erstaunen versetzen, das Tier aber völlig verwirren.

Wählt man statt des Befehls »Platz« die verlängerte Form »Leg dich hin«, wird sich der Hund auch daran sehr bald gewöhnen und den Wunsch seines Herrn mit der gewünschten Sicherheit ausführen. Die Erziehung des Schlittenhundes beginnt am ersten Tag in seiner neuen Umgebung.

Erziehung zur Stubenreinheit

Jeder Hund wird früher oder später stubenrein. Erst im Alter von etwa 12 Wochen ist der Welpe von der körperlichen Entwicklung her in der Lage, Darm und Blase zu beherrschen. Für den schnellen Erfolg seiner Erziehung zur Stubenreinheit ist es wichtig, den Tagesrhythmus des

Kauen hilft beim Zahnwechsel.

Welpen nicht zu verändern. Die Mahlzeiten sollten also möglichst immer zur gleichen Zeit gegeben werden. Der Welpe sollte sofort nach dem Aufwachen oder nach den Mahlzeiten hinausgeführt werden, damit er draußen — nach Möglichkeit immer an einer Stelle — sein Geschäft erledigt.

Passiert dem kleinen Hund trotzdem hin und wieder einmal vor Aufregung oder durch seine Verspieltheit am falschen Ort ein Miß-geschick, sollte man auf keinen Fall das Tier zwecks Erhöhung der Auffassungsgabe mit der hochempfindlichen Nase in das Geschäft stecken. Das hat mit Erziehung nichts zu tun, es ist allenfalls Tierquäle-rei. Man sollte stets die Ruhe bewahren und ausreichend loben, wenn es wieder an der richtigen Stelle geklappt hat. Manchmal dauert es eben länger, bis uns der Hund verstanden hat.

Alleinsein will gelernt sein

Bevor man seinen Schlittenhund, wenn er im Haus leben soll, ans Alleinsein im Haus gewöhnt, läßt man ihm einige Tage der Eingewöh-nung an seine neue Umgebung. Erst dann wird man üben, ihn für kurze Zeit allein im Haus zu lassen. Für diese Übung sucht man möglichst eine Zeit aus, in der er ruht. Kehrt man nach minutenlanger Abwesenheit endlich zurück, und er hat sich ruhig verhalten, muß man ihn heftig loben und möglichst mit einem kleinen Leckerbissen überraschen.

Allmählich verlängert man die Zeiten der Abwesenheit. Er wird ruhig und friedlich im Haus liegen und geduldig auf die Rückkehr seines Herrn warten.

Schlittenhunde, die nicht rechtzeitig lernen, allein zu bleiben, stimmen nach einigen Minuten der Einsamkeit schaurig klingende Klagelieder an. Sie heulen mit einer wahren Inbrunst — meistens zur Freude aller Nachbarn — ihren ganzen Kummer in die Welt hinaus. Ihre Ausdauer kann in dieser Disziplin grenzenlos sein.

Wenn man einen Welpen allein in seinem Zimmer sich selbst überläßt, wäre es ratsam, diesen Raum weitgehend hundesicher zu machen. Man wird überrascht sein, was ein kleiner Hund alles findet, um darauf herumzukauen. Dieses Kaubedürfnis bleibt bis zum Zahnwechsel mit etwa sechs Monaten bestehen. Oft fällt es dem Welpen schwer zu entscheiden, ob der ausgetretene Hausschuh seines Herrn, der auf seinem Lager liegt, besser schmeckt als der neue Sonntagsschuh. Er wird beides ausprobieren, wenn man nicht selbst von vornherein darauf achtet, daß er stets nur sein eigenes Spielzeug zerkaut. Der Kauknochen aus Büffelhaut, den man in jeder Tierhandlung erwerben kann, ist ein geeignetes Kauspielzeug.

Komm, Blanca!

Ein Welpe lernt im Alter von sieben Wochen, auf seinen Namen zu hören und auf Anruf zu seinem Herrn zu kommen. Man erlebt es aber häufig, daß ein kleines Hundebündel, wenn es ohne Leine auf die Straße geführt wird, plötzlich vor lauter Freude über die Bewegungsfreiheit gar nicht daran denkt, dem Wunsch seines Herrn, zu ihm zu kommen, zu entsprechen. Es ist vielleicht eine natürliche Reaktion des stolzen Neuhund-Besitzers, wenn er dann im gestreckten Spurt hinter seinem Tier herläuft, um es zu fangen.

Spätestens nach dem zweiten mißlungenen Versuch, das Tier festzuhalten, betrachtet der kleine Hund die wilde Verfolgungsjagd als ein Spiel, das sein Herrchen einzig zu seiner Erbauung betreibt. Richtiger wäre es in dieser Situation, einfach die entgegengesetzte Richtung einzuschlagen. Es gibt nur sehr wenige hartgesottene Welpen, die dann nicht auf der Stelle umkehren, um ihrem Herrn nachzulaufen. Plötzlich überwiegt beim Hund die Angst, den Anschluß an seinen »Rudelführer« zu verlieren.

Es gibt auch eine andere Möglichkeit, wie man den Hund schnell zu sich heranholt, wenn er unserem Ruf nicht sicher Folge leistet. Meistens genügt es, diese Übung einmal durchzuführen, dann hat der Schlittenhund die »Allgegenwärtigkeit« seines Herrn akzeptiert:

Man befestigt am Hundehalsband eine dünne Wäscheleine. Jeder kleine Hund wird voller Freude über den Spaziergang sofort vorauslaufen. Nun geben wir der Wäscheleine nach und rufen den Hund zurück. Reagiert er nicht auf unseren Ruf, ziehen wir die Wäscheleine stramm. Der Hund spürt einen ziemlichen Ruck und wird vor lauter Überraschung über den langen Arm seines Herrn augenblicklich zu ihm zurückkehren. Jetzt ist es wichtig, den Schlittenhund zu loben und ihm zum weiteren Ansporn einen kleinen Leckerbissen als Belohnung zu geben. Auf diese Weise lernt der Hund sehr rasch, wie angenehm es für ihn ist, sofort zu seinem Herrn zurückzukommen, wenn dieser ihn ruft.

Das Laufen an der Leine

Nachdem der Schlittenhund vier Monate alt geworden ist, beginnt die Gewöhnung an die Leine. Man achtet immer darauf, daß der Hund das Grundstück nie ohne Leine verläßt. Nach wenigen Metern kann man die Leine lösen und ihm freien Auslauf gewähren.

Schlittenhunde warten auf den Spaziergang.

Die Leinenführigkeit ist eine sehr wichtige Sache, die nicht zuletzt für den Schlittenhund eine gute Übung sein kann, beherrscht und im gleichen Tempo, wie sein Herr es wünscht, an der Leine neben ihm herzulaufen. Man sollte vor allen Dingen darauf achten, daß der Hund, wenn er die Leine eingehängt bekommt, neben seinem Herrn läuft und sich durch nichts von der Spur abbringen läßt. Soll der Schlittenhund später neben dem Fahrrad herlaufen oder im Gespann arbeiten, darf er nicht plötzlich die Richtung ändern, nur weil ein Hase neben ihm aufschreckt und davonläuft. Man stelle sich einmal ein Schlittengespann vor, das den Weg verläßt und versucht, mitsamt dem Schlitten einen Weidezaun zu überwinden, um dem Wild nachzujagen. Auch seinen radfahrenden Herrn kann ein Schlittenhund dank seiner Kraft sehr schnell aus dem Sattel holen.

Um Leinenführigkeit zu üben, sollte man die Hundeleine mit der rechten Hand am Ende anfassen. Die linke hält dann die Leine auf der Höhe, die wir brauchen, um den Kopf des Hundes ungefähr in Kniehöhe zu haben. Die Leine muß gerade so locker hängen, daß unser Hund jeden Zug von uns sofort spürt. Man wechselt die Laufgeschwindigkeit vom langsamen Gehen bis zum zügigen Marschieren. Der Hund muß sich unbedingt diesem Tempo anpassen. Sobald er vorauseilt, ziehen wir ihn mit einem kurzen Ruck zurück neben uns und geben gleichzeitig den Befehl »Bei Fuß«.

Häufig muß man mit seinem Hund an einem Verkehrsschild vorbeilaufen. Auch das will gelernt sein. Der Hund muß sich immer uns anpassen. Er wird an der Seite an dem Hindernis vorbeilaufen, an der auch wir gehen.

Dem Schlittenhund neben dem Fahrrad sollte man ein geeignetes Hundegeschirr umlegen, wenn er uns ziehen soll. Es würde die Gesundheit des Tieres sehr schädigen, diese Arbeit mit umgehängtem Halsband verrichten zu lassen.

Gehen bei Fuß

Bei dieser Übung läßt sich der Trick mit der doppelten Leine anwenden (Hundeleine und Wäscheleine). Es kommt oft genug vor, daß ein junger Hund einfach zuviel Temperament besitzt und es ihm sehr schwerfällt, ohne Leine diszipliniert neben seinem Herrn zu laufen. Daher sollte man diese Übung nicht zu lange ausdehnen.

Setz dich.

Setz dich

Erst mit dem sechsten Lebensmonat des Hundes kann man mit dieser Übung beginnen. Man läßt den Hund neben sich an der kurzen Leine laufen. Dann gibt man den Befehl »Setz dich« und bleibt stehen. Gleichzeitig zieht man mit der einen Hand den Kopf des Hundes mit der Leine etwas nach oben und drückt mit der anderen das Hinterteil des Tieres nach unten. Sitzt der Hund, wartet man einige Augenblicke und gibt den Befehl »Bei Fuß«. Der Hund geht neben uns den Weg weiter. Wird diese Übung wiederholt, läßt man den Druck aufs Hinterteil langsam schwächer werden und versucht, das Hinsetzen nur durch das Hochziehen des Kopfes mit der Leine zu erreichen. Loben Sie den Schlittenhund nicht zu sehr, wenn er endlich sitzt, sonst betrachtet er das als Aufforderung, sofort die Übung zu beenden und aufzustehen.

Später, wenn die Lektion an der Leine sicher klappt, wiederholt man sie ohne Hundeleine. Hat der Hund seine Übung beendet, also lange genug stillgesessen, veranlassen wir ihn durch das Wort »Lauf« vorauszulaufen.

Leg dich hin

Nachdem man stehengeblieben ist, drückt man den angeleinten Hund nach dem Befehl »Leg dich hin« mit beiden Händen zu Boden. Meistens muß man ihm die Vorderläufe ein wenig wegziehen, damit er begreift, was von ihm erwartet wird. Die Leine läßt man locker. Auch wenn der Hund uns am Anfang ansieht, als wäre mit uns etwas nicht in Ordnung, wird er sehr bald merken, was wir von ihm wollen. Jegliches Lob für ein sicheres Hinlegen wäre falsch, da es auf jeden Fall dazu führt, daß der Hund sofort wieder hochspringt. Man lobt den Schlittenhund erst, nachdem die Übung beendet ist und man ihn, falls man sich etwas entfernt hat, von seinem Platz wieder abholt.

Das Anspringen

Auf Liebesbeweise dieser Art sollte bei den körperlich doch recht wohlproportionierten Schlittenhunden von vornherein verzichtet wer-

Leg dich hin.

49

Mit dem Hund in Urlaub.

den. Ich habe die Erfahrung gemacht, daß die Hunde bereits auf ein scharfes »Aus« reagieren und das Anspringen bleiben lassen.

Hat man damit keinen Erfolg, bleibt einem die Möglichkeit, dem Hund, während er hochspringt, gegen die Hinterpfoten zu treten. Selbstverständlich tritt man nur sehr vorsichtig zu, um das Tier nicht zu verletzen. Jeder Hund wird vor Freude wieder hochspringen, allerdings vollführt er diese Übung in sicherem Abstand, ohne uns dabei zu berühren. Er tänzelt mehr oder weniger um uns herum.

Im Alter von acht Monaten sollte die »Grundausbildung« des Schlittenhundes abgeschlossen sein, da die Tiere dann in die Flegeljahre kommen. Die Hunde werden versuchen, ihre Grenzen zu erkunden. Wir sollten sie ihnen mit Nachdruck und aller Bestimmtheit zeigen. Wer jetzt lockerläßt, läuft Gefahr, von seinem Schlittenhund allenfalls als Nebenhund betrachtet zu werden.

Ein Schlittenhund wird in unseren Breiten überwiegend als Begleiter auf Spaziergängen, Wanderungen und Ausflügen gehalten.

Wer die Absicht hat, seinen Schlittenhund für die eigentliche Funktion des Schlittenziehens zu verwenden, muß ihm eine weiterführende Ausbildung zukommen lassen.

Ausbildung zum Schlittenziehen und Gespannformen

Das Schlittenziehen ist den Schlittenhunden nicht angeboren. Diese Disziplin müssen sie erlernen, wobei das Training erst im Alter von sechs bis sieben Monaten einsetzen sollte. Der ausgesprochen starke Bewegungsdrang der Schlittenhunde bietet eine gute Basis für die Arbeit am Schlitten. Schlittenhunde können einmal begangene Strecken sicher auffinden und bekannten Wegen folgen.

Bei der Ausbildung des Schlittenhundes für die harte Arbeit kommt einem die bisherige konsequente und geduldige Erziehung zugute. Wer seinem Hund an der Leine bereits beigebracht hat, sich durch nichts vom

Schlittenhunde-Rennen. ·

Wege ablenken zu lassen, hat gute Vorarbeit geleistet. Der Hund hat gelernt, sich diszipliniert zu verhalten, wenn er im Geschirr oder an der Leine geführt wird.

Die Ausbildung des Schlittenhundes setzt eine gute Zusammenarbeit mit dem Hund voraus. Mit Liebe, Geduld und noch mehr Lob läßt sich diese Spezialausbildung aber durchaus bewältigen.

Hunde, die in ihrer Jugend mit ihrem Herrn bereits viele gemeinsame Erlebnisse und Abenteuer zu bestehen hatten, sind durch den erweiterten Gesichtskreis meistens auch geistig beweglicher. Sie können sich leichter auf überraschende Veränderungen in ihrem Tagesablauf einstellen. Sie finden sich in ihrer Umwelt schneller zurecht.

Das Ablaufen einer Wegstrecke

Ihr Schlittenhund hat sich bereits daran gewöhnt, beim Laufen neben dem Fahrrad das Geschirr zu tragen. Während der ersten Phase der Ausbildung hängt man nun eine längere, möglichst dehnbare Kunststoffleine in das Geschirr ein. Dadurch wird verhindert, daß die Schlitten-

Alle mal herhören!

hunde durch die ruckartigen Bewegungen beim Anziehen einen Schaden an der Wirbelsäule erleiden.

Man gibt den Befehl »Lauf«. Unser Hund darf sich jetzt nicht mehr von der Strecke abbringen lassen. Man muß darauf achten, daß er nicht anhält, um seine Geschäfte am Straßenrand zu erledigen. Schlittenhunde sind durchaus in der Lage, diese Dinge während des flotten Laufens zu erledigen. Man wird allerdings darauf achten, daß die Tiere die Möglichkeit haben, sich vor Beginn des Trainings zu lösen.

Nachdem man eine längere Strecke mit seinem Hund zurückgelegt hat, muß er lernen, auf Befehl anzuhalten. Durch ein langsames Ziehen an der Leine und das gleichzeitig gegebene Kommando »Stop« wird der Hund lernen, das Tempo zu verlangsamen und stillzustehen. Nachdem der Hund steht, geht man zu ihm, um ihn zu loben. Leicht kann man sich das Durcheinander vorstellen, das entstehen würde, käme ein ganzes Gespann nach getaner Arbeit schwanzwedelnd zu seinem Herrn gelaufen. Daher geht man auf jeden Fall zum Tier, um es zu loben und ihm einen Leckerbissen für die Leistung zu geben.

Die Einführung der Arbeitslast

Läuft unser Schlittenhund mit eingehängter Leine voraus, beginnt langsam die zweite Phase der Ausbildung. Sie werden sich wundern, was ein sonst vorwärtsstrebender Schlittenhund plötzlich anstellt, wenn er den eingehängten Kinderschlitten als Arbeitslast spürt. Unser Hund hatte nichts Eiligeres zu tun, als mir mitsamt dem Schlitten auf den Arm zu springen und fürchterlich zu zappeln. Es dauerte doch eine ganze Weile, bis er sich daran gewöhnt hatte.

Anfangs sollte man, während der Hund den Schlitten zieht, die kurze Hundeleine am Halsband befestigen und auf der Höhe des Hundes mitlaufen. Mit dem ersten Training kann man im Herbst beginnen, damit die Hunde dann, wenn Schnee fällt, eine gute Kondition haben.

Ein Kinderschlitten oder ein Holzbalken eignen sich auch auf schneefreien Sandwegen im Herbst vorzüglich als Last. Die Tiere gewöhnen sich auf diese Weise an das Geräusch, das vom Schlitten oder Balken ausgeht. Langsam lernt der Hund, das Kommando »Stop« zu befolgen, während sein Herr am Ende der langen Leine neben dem Schlitten geht.

Das Startkommando

Es mag vielleicht verwundern, warum das eigentliche Startkommando jetzt erst beschrieben wird, aber es ist ein Unterschied, ob der Hundeführer neben seinem Hund steht und das Startzeichen gibt, während er ebenfalls mitläuft, oder ob er, am Ende der langen Leine stehend, den Befehl »Lauf« erteilt. Der Hund soll auf dieses Kommando hin voll in die Seile steigen und mit der Arbeitslast vorauslaufen. Nun wird die lange Führungsleine zusätzlich zur Zugleine mit der Last am Hundegeschirr befestigt.

Nachdem der Hund erfolgreich dazu ausgebildet wurde, eine Arbeitslast ohne anzuhalten über eine längere Strecke zu ziehen, kann man ihm auch die Richtungsänderung beibringen.

Die Änderung der Fahrtrichtung

Der Hund läuft eine ihm bekannte Strecke ab. Beim nächsten Training läuft man mit dem Tier anfangs die gleiche Wegstrecke. Auf halbem Weg

Wer seinen Hund liebt ...

aber wird man von der bekannten Strecke abweichen und dem Hund diesen neuen Weg zeigen. Beim darauffolgenden Training wird man an der Stelle, wo die Streckenteilung beginnt, den Hund durch Ziehen an der langen Leine nach rechts oder links und gleichzeitigem Kommando zur Richtungsänderung veranlassen.

Im Gespann reicht es aus, wenn der Leithund dieses Kommando sicher beherrscht. Erst nach Abschluß der Ausbildung des Schlittenhundes kann man diesen ins Gespann nehmen. Manchmal kommt es zu Rangordnungskämpfen innerhalb des Gespanns. Man muß dann konsequent auf diszipliniertes Verhalten einwirken, wenn man einen »Hundeaufstand« vermeiden will. Auch die große Liebe des Leithundes zur neben ihm stehenden Hundedame kann zu Problemen bei der Gespanndisziplin führen.

Die Wahl der Gespannform hängt wesentlich davon ab, welche Aufgaben in welcher Landschaft erfüllt werden sollen.

Das Doppelgespann

Beim Doppelgespann, dem eigentlichen Renngespann, laufen die Schlittenhunde zu zweit nebeneinander. Nur der Leithund läuft, geht das Gespann nicht paarweise auf, allein an der Spitze. Die Tiere sind durch die Zugleine in die mittlere Hauptleine eingehängt. Die Halsleine ist ebenfalls mit der Hauptführungsleine verbunden.

Das Fächergespann der Eskimos

Das Fächergespann wird in erster Linie dort eingesetzt, wo es jedem Hund möglich sein muß, die eigene Spur wegen der Bodenbeschaffenheit frei zu bestimmen. Diese Gespannform ermöglicht es dem Eskimo, vom Schlitten aus durch Heranziehen einzelner Hunde die Jagd zu betreiben. Beim Fächergespann kann jeder Hund in der Fahrtrichtung seinen Weg frei wählen, was in der zerklüfteten, von Eisspalten übersäten arktischen Landschaft lebensnotwendig ist.

Das Tandemgespann

Diese Gespannform, bei der die Tiere hintereinander ins Geschirr eingehängt sind, erlaubt dem Schlittenführer eine sichere Fahrt durch

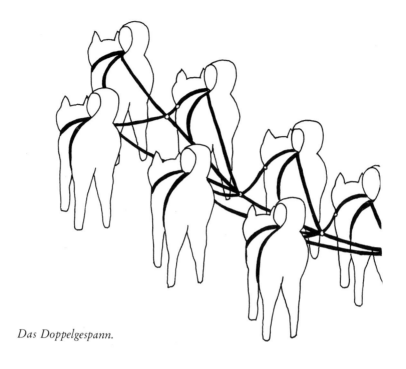

Das Doppelgespann.

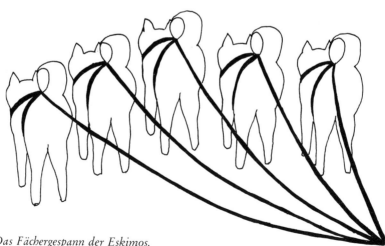

Das Fächergespann der Eskimos.

bewaldete Gebiete. Mit diesem Gespann lassen sich selbst die engsten Wege passieren. Die schnellsten Gespanne sind jedoch die Doppelgespanne. Nur diese Form erlaubt die gewünschten höheren Renngeschwindigkeiten.

Die Rennschlitten sind so konstruiert, daß ein Hund, der sich während des Rennens verletzt, zugedeckt auf der Lastfläche Platz findet. Der Schlittenführer steht hinter der Lastfläche auf den Kufen. Rennschlitten müssen eine Bremse haben. Ein solcher Schlitten wiegt etwa 20 kg.

Schlittenhundrennen gestern und heute

Das Schlittenhundrennen wurde anfangs bei den Eskimos und auch in Sibirien nur als sportliches Kräftemessen angesehen. Man betrieb es mehr aus Freude an der Leistung der Tiere. Niemand dachte daran, für die Sieger große Siegprämien auszusetzen.

Anfang dieses Jahrhunderts bildeten sich in Alaska, den USA und Kanada zahlreiche Rennsportvereinigungen, die Schlittenhundrennen zum organisierten Sport machten. Heute werden Siegprämien bis zu 50 000 Dollar gezahlt. Der Schlittenhundesport, der eine relativ teure Angelegenheit ist, wurde allmählich zu einem Betätigungsfeld einiger weniger Schlittenhundführer, die ihren Sport zum Geschäft machten. Daß dann nur noch unter harten Profibedingungen gekämpft wird, versteht sich von selbst.

Es gibt in Kalifornien aber heute noch Rennclubs, die diesen Sport aus reinem Idealismus betreiben.

In den letzten Jahren fanden auch in Europa verschiedentlich Hunderennen statt, die von den jeweiligen Schlittenhundvereinen organisiert wurden. Die Vereine haben auch eine Zusammenstellung der Rennbedingungen für jeden Interessierten auf der Grundlage der amerikanischen Bedingungen herausgegeben.

Schlittenhunde
und ihre besonderen Aufgaben

Auf die Leistungen und Abenteuer der Schlittenhunde als Begleiter auf Polarexpeditionen bin ich bereits eingegangen. Es sind immer wieder spektakuläre Ereignisse gewesen, die den Schlittenhund in den Blickpunkt der Öffentlichkeit rückten. Seltener hörte man einmal von den Postschlittendiensten. Die Männer, die heute noch einige entfernter liegende Siedlungen der Eskimos von Zeit zu Zeit anfahren, vollbringen mindestens die gleichen Leistungen wie die berühmten Polarforscher. In Nordkanada wurde von der Hudson's Bay Company eine Supermarktkette aufgebaut. Die Belieferung mit Waren nahm man früher im Winter mit Hundeschlitten vor. Diese Schlitten stellten ein regelrechtes Verkehrsnetz dar. Zu den Aufgaben der Schlittenführer gehörte es, die Felle und Kunstgegenstände der Eskimos weiterzuleiten, um auf diese Weise eine Handelskette aufrechtzuerhalten. Die Schlitten legten die Entfernung vom Hudson Bay bis zum Pazifik in zehn bis zwölf Wochen zurück. Diese Entfernung entspricht ungefähr der Strecke von Hammerfest in Norwegen bis nach Sizilien.

Das besondere Verhältnis des Eskimos zu seinen Hunden

Jeder Eskimo weiß, wie wichtig die Hunde für das Überleben in der Eiswüste sind. Er hat trotz der Abhängigkeit von seinen Hunden ein seltsames Verhältnis zu ihnen entwickelt.
Ein Sprichwort der Eskimos sagt:»Der treueste Freund eines Mannes ist sein Hund, er ist sogar noch besser als sein Weib!«
Wie man weiß, gibt es Eskimofrauen, die sich Welpen zum Stillen an die Brust gelegt haben.
Die Schlittenhunde werden jedoch von den Eskimos keineswegs nur gut behandelt. Sie haben sich ständig und in aller Härte zu unterwerfen.
In diesem Zusammenhang möchte ich die besondere Eigenart mancher Leithunde ansprechen, die in gewissen Zeitabständen vor den Augen ihres Rudels den Versuch unternehmen, ihrem Herrn ans Bein zu pinkeln. Wenn dieser nicht auf der Stelle seinen Leithund vor den

Maske in Grau.

erstaunten Augen der anderen Tiere windelweich prügelt, hat er ein für allemal die Gewalt über seine Hunde verloren. Sie würden ihn völlig ignorieren.

Der Eskimo, der die Schlittenhunde als reine Nutztiere betrachtet, ist jederzeit bereit, ein ganzes Gespann zu verkaufen, wenn sich die Gelegenheit dazu bietet. Für ihn sind Tiere unbrauchbar, die ihrem Herrn nachtrauern.

Gewöhnlich werden die Schlittenhunde der Eskimos selten älter als vier Jahre. Ihr Fell ist dann am besten und am dichtesten. Die Eskimos töten ihre Tiere und verarbeiten die Felle zu Kleidungsstücken.

Es kommt bei den nicht der Zivilisation angegliederten Eskimos heute noch vor, daß Schlittenhunde, die im Frühjahr und Sommer ihr Futter selbst suchen müssen, sich mit Wölfen paaren. Welpen, die aus einer solchen Verbindung hervorgehen, zeigen ein sehr scheues Verhalten gegenüber den Menschen. Wegen ihrer Unzuverlässigkeit und Ängstlichkeit werden diese Tiere von den Eskimos nicht gehalten.

Wußten Sie übrigens, daß Grönlandhunde im Sommer in den Siedlungen der Eskimos frei herumlaufen, die Kinder aber hinter hohen Maschendrahtzäunen spielen müssen, um nicht von den oft ausgehungerten Tieren angefallen zu werden?

Der Eskimoschlitten

Der Schlitten der Eskimos bestand ursprünglich aus zwei hölzernen Kufen. Diese vorne aufgebogenen Holzstücke wurden durch Querleisten miteinander verbunden. Man wählte Lederriemen, um die Holzteile aneinander zu befestigen, weil durch diese Art der Verbindung eine ausreichende Elastizität des Schlittens auf dem rauhen Eis gewährleistet war.

Wally Herbert berichtet davon, daß der Eskimo früher die Kufen seines Schlittens aus aufgerollter, gefrorener Moschusochsenhaut herstellte und ebenfalls gefrorene Fisch- oder Fleischstreifen als Querleisten verwendete. Notfalls hätte also der Schlitten als letzter Proviant zum Überleben dienen können.

Der Eskimo spannt seine Hunde in Fächerform vor den Schlitten. Dadurch erleichtert er sich unter anderem die Jagd vom fahrenden Schlitten aus.

Kommt ein Eisbär in Sicht, läßt der Eskimo kurzerhand die Lasten auf das Eis fallen, indem er die Packriemen zerschneidet. Der Schlitten wird dadurch leichter und schneller. Nacheinander holt der Eskimo die Leinen seiner besten Bärenhunde ein und zieht die Tiere zu sich heran. Dann kappt er die Zugstränge. Die Hunde jagen vor dem Schlitten davon und stürzen sich auf den Bären.

Wally Herbert hat in seinem Buch »Eskimos« diese Jagdtechnik in allen Einzelheiten vorzüglich beschrieben. Es kommt bei dieser Art der Jagd vor, daß Hunde im Kampf mit dem Bären ihr Leben lassen müssen. Der Kampf ums Überleben gehört für die Schlittenhunde, die nicht in unseren Breiten leben, zum täglichen Brot.

An dieser Stelle möchte ich kurz auf einige Besonderheiten des japanischen Polarhundes Akita-Inu eingehen.

Der Akita-Inu als Kampfhund und Jagdhund

Schon im Jahre 1603 wurde der Akita-Inu als Kampfhund für Hundekämpfe in der Öffentlichkeit eingesetzt.

Die Hundekämpfe wurden in kleinen Arenen, in abgegrenzten Bereichen auf der Straße oder auf Plätzen ausgetragen. Man errichtete Tiergitter, ähnlich wie heute im Zirkus zur Vorführung der Raubtierdressur. Die Umzäunung dieser etwa 40 bis 50 m² großen Fläche hatte eine Höhe von 2,20 m.

Die Zuschauer standen oder hockten direkt hinter dem Gitter. Ein Bretterzaun umfaßte den Platz, auf dem die Menschen standen. Vor dem Holztor, also am Eingang zum Zuschauerbereich, wurden die kämpfenden Hunde vorgestellt, um noch mehr Zuschauer anzulocken.

Die Kämpfe endeten jeweils durch den Tod eines Hundes. Die Aggression der kämpfenden Akita-Inus steigerte sich während des Kampfes mit der Zahl der zugezogenen Verletzungen. Zur Erinnerung wurden die Felle der getöteten Kampfhunde aufbewahrt und verehrt.

Das Interesse am Hundekampf ging so weit, daß man Meisterschaften austrug. In jedem Falle war der Hundekampf Anlaß zu zahlreichen Wetten.

Der Akita-Inu, der Allroundhund unter den Schlittenhunden, ist nicht nur als Erdbebenwarner, Begleiter auf der Falkjagd und als Kriegshelfer eingesetzt worden, er wurde auch als Bärenjäger verwendet.

Bei der Jagd auf Bären treiben ein Akitarüde und eine Hündin als Paar sich den Bären in immer enger werdenden Kreisen selbständig zu. Das Treiben geschieht völlig lautlos. Ist der Bär gestellt, greifen die Hunde gleichzeitig an. Während der Rüde versucht, die Flanke des Tieres aufzureißen, verbeißt sich die Hündin in die Kehle des Bären. Die Hündin wird bei diesem Angriff manchmal durch Prankenhiebe des Bären verletzt.

Einer Meldung aus Colorado/USA zufolge, hatte ein Akitapaar einen 400 kg schweren Grizzlybären auf der Jagd gerissen. Das Einkreisen und der Kampf mit diesem Tier dauerte nicht einmal dreißig Minuten.

Aus Japan wurde auch über den Einsatz des Akita-Inus als Begleiter beim Sportfischfang berichtet. So soll der Hund neben seinem Besitzer auf den Klippen, etwa einen Meter über dem Wasserspiegel, sitzen und beobachten, wie Lachse oder Forellen sich in Ufernähe aufhalten.

Sobald einer der Fische in seine Reichweite kommt, springt der Hund ohne Aufforderung ins Meer, um den Fisch zu fangen und seinem Herrn zu bringen. Bei einem solchen Sprung ist er gezwungen, bis zu durchschnittlich einem Meter tief zu tauchen. Der Akita-Inu nutzt für den Zeitpunkt des Absprunges den Augenblick, in dem der Fisch gerade vor dem Ufer wendet, und verhindert dadurch das sonst pfeilschnelle Davonstoßen der Lachse oder Forellen. Die durchschnittliche Erfolgsquote für den Fischfang mit Akita-Inus soll bei 60 bis 70 % liegen.

Der Japaner ist zu Recht sehr stolz auf diese einzigartige Fähigkeit seiner Hunde.

Früher hat man die Akita-Inus auch mit auf die Falkjagd genommen. Dabei hatten die Raubvögel nur die Aufgabe, die zu erbeutenden Tiere aufzuschrecken und abzulenken, während die Hunde die Verfolgung aufnahmen, die Tiere stellten und rissen. Für diese Jagdart verwendete man stets mehrere Akita-Inus.

Der Akita-Inu wird heute in Japan vorwiegend als Begleithund, Schlittenhund oder Wachhund gehalten.

Ruhepause am Strand.

Die Zucht

Wer sich einen Schlittenhund anschafft, denkt vielleicht daran, mit dem Hund einmal zu züchten. Es schadet allerdings weder der Gesundheit noch dem Charakter oder der Persönlichkeitsentwicklung der Hündin, wenn sie keine Welpen bekommt.

Wer jedoch züchten möchte, sollte sich auf jeden Fall einem Verein anschließen. Über diesen Verein erhält man die Anschriften der Besitzer von Deckrüden, die man mit seiner Hündin aufsuchen kann. Selbstverständlich muß man seine Hündin auf das Decken vorbereiten.

Man sollte zunächst die Gesundheit des Tieres überprüfen. Hautkrankheiten beispielsweise müssen vor dem Züchten ausgeheilt sein, da sie leicht vom Muttertier auf die Jungen übertragen werden können. Der Hund sollte vor Beginn der Zucht noch einmal entwurmt werden. Am besten spricht man seinen Tierarzt auf eventuell notwendige Wiederholungsimpfungen gegen Hepatitis und Staupe an. Die rechtzeitige Impfung erhöht die Immunität der Welpen während der ersten sehr anfälligen Zeit.

Es kann auch vorkommen, daß die Hündin überhaupt nicht deckwillig wird. Häufig geschieht das bei Tieren, die ein sehr enges Verhältnis zu ihren Besitzern haben und mit ihnen im Haus zusammenleben.

Man erzählte mir von einer Hündin, die, immer wenn der Deckakt bevorstand, sich zu ihrem Herrn flüchtete und diesen jaulend ansprang. Frühestens mit 14 Monaten sollte man die Hündin zum erstenmal decken lassen. Jede Hündin darf nur einmal im Jahr gedeckt werden. Mit sechs Jahren sollte man den Hund nicht mehr für die Zucht einsetzen.

Die Trächtigkeit

Die besten Decktage sind der 11. bis 15. Tag der Hitze. Die Hündin »steht« in dieser Zeit. Sie weist den Rüden nicht mehr ab. Nach der erfolgreichen Befruchtung schließt sich nach etwa 60 Stunden der Muttermund. Weitere Befruchtungen sind danach ausgeschlossen.

Eine Hündin hat eine Tragzeit von etwa 62 Tagen. Erst nach einem Monat ist der Hündin die Trächtigkeit äußerlich anzusehen. Man sollte dem Hund jetzt viel Bewegung verschaffen. Allerdings darf eine Schlittenhündin nicht mehr schwere Trainingsarbeit verrichten oder vor den Schlitten gespannt werden.

In der vierten bis fünften Woche der Trächtigkeit muß der Hund noch einmal entwurmt werden. Eine frühere Wurmkur würde erhöhte Abortgefahr bedeuten.

Ungefähr zwei Wochen vor dem Werfen zeigt man der Hündin das Wurflager. Es kann eine mit reichlich Stroh bedeckte, gut desinfizierte und ausreichend große Holzkiste sein. Die Hündin wird ihr Strohlager selbst zurechtscharren. Oft kratzt sie vor der Geburt ihrer Jungen den Kistenboden völlig frei von Stroh.

Junge, erstgebärende Hündinnen werfen oft etwas eher. Auch zahlenstarke Würfe erfolgen meistens früher.

Die Geburt

Ein deutliches Senken des Leibes zeigt die Geburt an. Aus der Schnalle tritt nun glasiger Schleim aus. Die einzelnen Wehen machen sich durch wellenförmige Bewegungen der Bauchwand bemerkbar. Durch die Preßwehen tritt jeweils ein Welpe in das Becken des Muttertieres ein. Etwa 15 Minuten nach dem Einsetzen der Preßwehen erscheint das erste Junge. Im Abstand von 15 Minuten bis zu 120 Minuten erscheinen die nächsten Welpen. Vergeht zwischen der Geburt zweier Jungen eine längere Zeit als drei bis vier Stunden, sollte man schnellstens den Tierarzt holen. Vorsorglich aber kann man seinen Tierarzt von der bevorstehenden Geburt unterrichten, damit er im entscheidenden Moment erreichbar ist.

Welpen werden gewöhnlich in der Fruchtblasenhülle, dem Ammion, geboren. Die Schlittenhündin wird das Junge selbst aus dieser Hülle befreien, wird die Nabelschnur durchbeißen und durch heftiges Belecken die Atmung des Neugeborenen in Gang setzen.

Es ist besser, die Hündin bei der Geburt nicht zu stören. Man sollte jedoch den Geburtsverlauf beobachten.

Es kann, besonders bei Erstgebärenden, vorkommen, daß sie im Umgang mit dem Neugeborenen unsicher sind, es also einfach sich selbst überläßt. In diesem Falle befreit man das Junge vorsichtig von der Fruchtblasenhülle und schneidet die Nabelschnur mit einer in kochendem Wasser desinfizierten Schere zwei Finger breit über dem Bauch des Jungen ab. Mit einem Tuch befreit man sofort das Mäulchen von Schleim. Sollte der kleine Hund dann noch nicht atmen, schleudert man ihn vorsichtig im Kreis herum, um den Schleim aus den Lungen zu treiben. Geht die Atmung, legt man das Neugeborene an eine der Zitzen des Muttertieres. Die Hündin frißt normalerweise die Nachgeburt auf. Die Nachgeburt enthält wichtige Wirkstoffe, die das Einschießen der Milch einleiten. Durch die Aufnahme der wichtigen ersten Milch wird das Darmpech des Jungen herausgetrieben. Leckt die Hündin ihre Welpen nicht ausreichend ab, kann man mit einem feuchten Lappen durch eine Massage des Bauches den Darm des Kleinen entleeren helfen. Es besteht dabei aber eine erhöhte Infektionsgefahr an der Nabelschnur. Daher sollte man diese Hilfe sehr vorsichtig gewähren.

Nach Abschluß der Geburt gibt man der Hündin reichlich zu trinken. Nicht nur dem Hundebesitzer wird durch das Erlebnis der Geburt abwechselnd heiß und kalt, auch die Hündin kämpft mit den gleichen Problemen. Daher darf man durchaus einer Hündin Eiscreme geben, um eine Abkühlung zu beschleunigen. Auf jeden Fall sollte man die Hündin an die frische Luft führen.

Sorgfältige Reinigung und Desinfizierung der Wurfkiste ist jetzt angebracht. Diese Mindesthygiene steht auch für jeden folgenden Tag auf dem Tagesplan. Man sollte darauf achten, daß die Hündin nach Möglichkeit nicht mehr als sechs Junge großziehen muß. Muß man sich entschließen, Welpen zu töten, darf dieses nur ein Tierarzt durch die Gabe einer Spritze vornehmen.

Die Scheinträchtigkeit

Eine Scheinträchtigkeit kann bei jeder Hündin ohne Rücksicht auf das Alter auftreten. Die Hündin verhält sich genauso wie ein trächtiges Tier. Der Appetit nimmt zu, sie wird ruhiger. Es kommt nach neun Wochen zum Anschwellen des Gesäuges. Wehenähnliche Bauchkrämpfe sind keine Besonderheit. Die Hündin schleppt mit irgendeinem Spielzeug herum und beginnt, dieses auf ihrem Lager zu bemuttern.
Allerdings ist eine Scheinträchtigkeit, so merkwürdig sie auf Außenstehende wirkt, lediglich eine hormonale Störung, die durch entsprechende Präparate zu beheben ist oder von allein wieder abklingt.

Pflege des Schlittenhundes

Die Schlittenhunde gehören zu den pflegeleichten Hunderassen. Sie sind nahezu frei von Hundegeruch und halten sich recht sauber. Es ist daher völlig ausreichend, den Hund regelmäßig zu bürsten. Während des Fellwechsels empfiehlt es sich, zum Herausziehen des Deckhaares zusätzlich zur Hundebürste einen Pferdestriegel zu verwenden, um die Fülle des ausfallenden Felles zu bewältigen.

Übrigens lassen sich gereinigte Schlittenhundhaare vorzüglich als Kissenfüllung verwenden. Sie sind ein Geheimtip für Rheumakranke.

Den Schlittenhund sollte man so selten wie möglich in die Badewanne stecken. Mancher Schlittenhundbesitzer aber wird trotzdem diese schnelle Möglichkeit der Fellpflege vor wichtigen Ausstellungen wählen, um das Äußere seines Hundes optimal vorzeigen zu können.

Beim Baden des Hundes sollte man nur klares Wasser verwenden, da durch die Hunde-Shampoos leicht die Gefahr besteht, der Haut das notwendige Fett zu entziehen. Eine Reinigung der Ohren mit einem Wattestäbchen und etwas Öl empfiehlt sich von Zeit zu Zeit.

Das Krallenschneiden — sonst eine lästige Pflichtaufgabe, weil es weder Hund noch Herrn sehr gefällt — entfällt beim normal bewegten Schlittenhund völlig, wenn man des öfteren mit dem Tier über die harten Teerstraßen läuft. Das Reinigen der Augen erfolgt am besten mit einem in Wasser getränkten Tuch.

Im übrigen verweise ich in diesem Zusammenhang auf das Kapitel »Gesundheit«. Dort finden Sie nützliche Hinweise zur Pflege Ihres Hundes.

Der Schlittenhund und die Ausstellung

Auf allen großen Ausstellungen werden Schlittenhunde den Richtern zur Beurteilung vorgeführt. Man erfährt von stattfindenden Ausstellungen meist über Hundefachzeitschriften und Vereine. Einige Wochen vorher meldet man seinen Hund beim Veranstalter zur Ausstellung an. In der Zwischenzeit bereitet man seinen Schlittenhund auf die Ausstellung vor. Er soll vor dem Richter eine möglichst gute Figur machen. Die Wirkung des Tieres auf den Richter hängt wesentlich davon ab, wie es sich vorführen läßt. Eine sichere Leinenführigkeit ist daher unbedingt erforderlich.

Vorführung während der Ausstellung.

Ein mehrfacher Weltsieger.

Der Hund muß an der linken Seite des Hundeführers im zügigen Tempo laufen und dabei seine Geschwindigkeit der des Hundeführers anpassen. Er sollte auf Befehl im richtigen Augenblick stehenbleiben und so stehen, daß seine äußere Erscheinung die beabsichtigte Wirkung auf den Richter hat.

Für den Neuling im Ring ist es oft auch mit erstklassigen Hunden schwierig, gegenüber alten »Ausstellungshasen« zu bestehen. Das sollte man bei einer Beurteilung durch den Richter nicht vergessen. Der Richter beurteilt das Tier nach seiner jeweiligen Tagesform. Jeder Hundebesitzer aber weiß, auch Hunde erwischen einmal einen schlechten Tag.

Hündinnen und Rüden werden auf den Ausstellungen getrennt begutachtet. Eine weitere Aufteilung geschieht nach Klassen. Die wichtigsten sind die »Jugendklasse« (etwa 9 bis 15 Monate) und die »Offene Klasse« (etwa ab 12 Monaten). In der Offenen Klasse ist die Konkurrenz am größten.

Die beste Note erringt ein Hund, wenn er ein »Vorzüglich« bekommt. Die meisten Richter begründen ihr Urteil. Trifft man einmal auf einen, der nach unserer Ansicht ein Fehlurteil gefällt hat, sollte man mit Kritik zurückhaltend sein. Das eigene Urteil ist nicht ganz frei von Voreingenommenheit.

Meistens stehen vor Ihnen wirklich gut geschulte Richter, die erst nach langen Jahren als Richteranwärter zum Richter ernannt wurden.

Auf allen großen Ausstellungen wird das CACIB (Certificat d'Aptitude au Championnat International de Beauté) vergeben. Vier CACIBs, die in drei verschiedenen Ländern und vor mindestens drei Richtern erworben wurden, berechtigen zur Führung des Titels »Internationaler Champion«.

Der Titel »Weltsieger« ist auf den jährlich einmal stattfindenden Welthundeausstellungen zu erlangen. Dagegen darf sich »Bundessieger« jeder nennen, der in seiner Rasse und seinem Geschlecht als der Schönste aus einer nationalen Ausstellung hervorgeht.

Auch der Schlittenhund, der die Ausstellung ohne Siegermedaille verläßt, ist deswegen nicht weniger hübsch und charakterlich einmalig. Man sollte sich davor hüten, sein Tier ausschließlich als Ausstellungsobjekt zu sehen, das entweder gewinnen muß oder nichts taugt. Für jeden, der Freude an seinem Hund hat, ist offiziell bestätigte Schönheit allenfalls ein weiterer Grund zum Stolz.

Ausstellungen zu besuchen heißt immer, Strapazen und finanzielle Belastungen auf sich zu nehmen. Hat also jemand neben Ihnen bereits mehrere CACIBs aufzuweisen, können Sie sicher sein, er hat auch sehr viel dafür getan. Die Reisen zu den Ausstellungsorten und die Hotelunterbringung kosten oft mehr, als ein Züchter durch den Verkauf von Tieren aus seiner hochprämierten Zucht verdienen kann. Hundezucht und -ausstellung bleiben in den meisten Fällen ein teures Hobby.

Mit dem Schlittenhund in den Urlaub

Es gibt kaum einen besseren Reisebegleiter als den Schlittenhund. Seine aufgeschlossene und interessierte Haltung gegenüber allem Neuen kommt einem sehr entgegen.

Für den Hundehalter ist eine gute Vorbereitung des Urlaubs und der geplanten Autofahrt mit dem vierbeinigen Mitreisenden wichtig. Selbstverständlich muß der Hund, auf dem Rücksitz des Wagens sitzend, vor Zugluft im Auto geschützt sein. Krankheiten, die man im Ausland auskurieren lassen muß, sind immer unangenehm und in der Regel teuer. Es ist notwendig, die Autofahrt hin und wieder zu unterbrechen, um dem Hund ein wenig Auslauf und Spiel zu gewähren. Daß wir ihm für die Reise genügend frisches Wasser und Reiseproviant mitnehmen, versteht sich von selbst.

Während des Urlaubs sollte man dem Hund ständig das Halsband mit der Hundesteuermarke umbinden. Es empfiehlt sich, seinen Namen und die Heimatanschrift in die Marke einzuritzen. Schlittenhunde laufen normalerweise nicht einfach weg. Wenn sie gut erzogen sind, bleiben sie vor dem Hotel und warten auf ihren Herrn.

In einigen Ländern sollte man seinen Schlittenhund jedoch nie aus den Augen lassen. Schlittenhunde sind zutraulich und könnten dadurch leicht ein Opfer von Dieben werden. Mit neuen Papieren versehen, wechseln sie dann innerhalb weniger Stunden den Besitzer.

Uns wurde in einem südeuropäischen Land sogar gesagt, wir sollten sehr auf unseren Hund achten, sonst würde er noch irgendwo auf einer Speisekarte landen. Besondere Vorsicht ist also geboten.

Seinen Urlaub sollte man so planen, daß auch der Hund zu seinem Recht kommt. In einigen Urlaubsgebieten besteht Maulkorb- oder Leinenzwang. Wichtig ist es also, sich rechtzeitig über alles zu informieren.

Die Einreise mit dem Hund in andere Länder setzt die Vorlage eines Impfpasses voraus, aus dem sich ergibt, daß der Hund gegen die Tollwut geimpft ist. Diese Impfung muß mindestens vier Wochen alt und darf nicht älter als ein Jahr sein.

Die Einreise in einige europäische Länder wie England, Norwegen,

Der erste Schnee.

Schweden und Finnland setzt einen längeren Quarantäneaufenthalt, zum Teil bis zu sechs Monaten, voraus. Für den Besitzer eines Hundes ist die Urlaubsreise in ein solches Land gemeinsam mit seinem Vierbeiner dadurch so gut wie ausgeschlossen.

Auf Anfrage wird Ihnen der Tierarzt die Einreisebestimmungen Ihres Urlaubsziels erläutern. In der Regel erhalten Sie von ihm eine kleine Broschüre, aus der nähere Einzelheiten zu entnehmen sind.

Hat man die Einreise- und Unterbringungsprobleme erst einmal gelöst, kann man sich keine größere Freude gönnen, als seinen Schlittenhund mit auf die Reise zu nehmen.

Schlittenhunde spielen gern am Strand, sie buddeln mit einer unsagbaren Ausdauer Löcher in den feinen Sand. Sie jagen begeistert durch die Dünen und können sich dort so richtig austoben.

Auch für den Campingfreund ist der Schlittenhund der ideale Reisebegleiter. Den engen Raum in seinem Zelt wird er vorzüglich mit seinem Hund teilen können, ohne daß dieser ihn sonderlich stört. Schlittenhunde passen sich dem Klima am Urlaubsort erstaunlich schnell an. Jeder, der einmal sein Tier während des Urlaubs zur Aufbewahrung bei Bekannten untergebracht hat, spürt schon am ersten Abend in der fremden Umgebung den innigen Wunsch, seinen Hund bei sich zu haben. Irgendwie fehlt einem etwas.

Ernährung

Artgerechte Ernährung

Den fleischfressenden Ahnen unseres Hundes wird es nicht jeden Tag gelungen sein, ein Beutetier zu erjagen. Bisweilen mußten sie mit Aas vorlieb nehmen, wenn ihnen die Natur nicht gar einen Fastentag aufzwang. Fleisch war allerdings nicht ihre einzige Nahrung. Mit den Innereien ihrer meist pflanzenfressenden Opfer verzehrten sie mit Vorliebe auch Magen- und Darminhalt, also vorverdaute Pflanzenkost. Aus den Untersuchungen des Mageninhaltes von Wölfen und Füchsen wissen wir, daß darüber hinaus praktisch alles auf dem Speisezettel stand, was die Natur bot: Früchte, Samen und Gräser, Frösche und Schlangen, selbst Insekten wurden verzehrt. Nur durch diese vielseitige Ernährung konnte der Hunger gestillt und der Vitamin- und Mineralstoffbedarf gedeckt werden.

Der Hundehalter muß die Grundregel beachten, die sich aus diesen Freßgewohnheiten ableiten läßt: Rohes Fleisch ist die Ernährungsgrundlage, aufgeschlossene Pflanzennahrung sowie Vitamine und Mineralstoffe müssen den Speisenplan ergänzen.

Das Tierschutzgesetz verpflichtet jeden Tierhalter, seinem Tier *angemessene, artgemäße Nahrung* zu gewähren. Der Hund darf also nicht als Resteverwerter mißbraucht oder in falsch verstandener Tierliebe mit Süßigkeiten gemästet werden. Der Weg zur Tierquälerei wäre nicht weit: Falsche Ernährung kann Fettsucht, innere Erkrankungen oder Hautkrankheiten verursachen. Ein verständiger Hundehalter wird sich deshalb stets bemühen, seinem Hund ausschließlich die ihm bekömmliche Nahrung anzubieten.

Die Wissenschaft

verdeutlicht die Grundregeln für eine artgemäße Ernährung des Hundes: *Bausteine:* Die Nahrung ist aus verschiedenartigen chemischen Bausteinen zusammengesetzt. Fleisch enthält neben Geschmacksstoffen, Salzen und Vitaminen vor allem *Eiweiß,* welches der Hund zum Aufbau eigener

Körpersubstanzen unbedingt benötigt. *Fette* dienen als Energielieferanten; zur Erhaltung der Gesundheit müssen ungesättigte Fettsäuren aufgenommen werden. Pflanzliche Nahrungsmittel enthalten neben der für Hunde unverdaulichen Zellulose pflanzliches Eiweiß, Vitamine und Mineralstoffe; wichtigster Bestandteil sind *Kohlehydrate* (Stärke, Zucker), die ebenfalls als Brennstoffe dienen. *Vitamine* sind bekanntlich Stoffe, die im Körper selbst nicht gebildet werden können, aber zur Aufrechterhaltung normaler Körperfunktionen wie Infektionsabwehr, Nervenfunktionen, Blutgerinnung oder für Stoffwechselprozesse unerläßlich sind.

Mineralstoffe und *Spurenelemente* schließlich sind nicht nur zum Knochenaufbau erforderlich, sondern sind maßgeblich an vielen Stoffwechselvorgängen beteiligt. Alle diese Nahrungsbestandteile sind für Wachstum und Gesundheit des Hundes unentbehrlich.

Erhaltung und Leistung: Der Körper befindet sich in einem dauernden Umbau. Altes geht zugrunde und wird durch Neues ersetzt. Zur Erhaltung der Körpersubstanz sind daher Nährstoffe erforderlich. Der wachsende Hund braucht, bezogen auf sein Körpergewicht, mehr Nahrung als der erwachsene.

Unser Schlittenhund liegt nicht hinter dem Ofen. Er spielt, springt, läuft, bellt, hechelt bei Hitze und produziert Wärme, wenn es kalt ist. Diese besonderen Leistungen erfordern eine »Leistungszulage«. Sie besteht vor allem aus Kohlehydraten und Fetten, welche die nötige Energie liefern. Als »Fleischfresser« kann der Hund zwar auch aus Eiweiß Energie gewinnen, die Ausbeute ist jedoch gering (und teuer).

Kalorien: Der Nahrungsbedarf wird als Energiebedarf in *Kalorien* gemessen. Diese Zahl sagt dem Praktiker wenig. Er kann Leistungs- und Erhaltungsbedarf nicht voneinander trennen. Zur Illustration sei angemerkt, daß Dauerarbeit bis zum Vierfachen des Erhaltungswertes erfordern kann. Der Junghund braucht — bezogen auf sein Körpergewicht — zusätzlich zunächst das Doppelte, ab 6. Monat das 1,5fache an Energie. Sehr kalorienreich sind Fette. Relativ leicht verwertbar ist die Energie aus Kohlehydraten. Nährmittel sind viel gehaltvoller als Rohkost. *Eiweiß:* Jedes Futter muß einen Mindestanteil an Eiweiß enthalten. Dieser Anteil ist niedriger als die Bezeichnung »Fleischfresser« es vermuten läßt. Das Futter des erwachsenen Hundes muß je nach Qualität 20 bis 30 % Fleisch enthalten. Hinzu kommen andere tierische Erzeugnisse und pflanzliches Eiweiß. Während des *Wachstums* muß das Futter mindestens zur Hälfte bis zu zwei Dritteln aus Fleisch und anderen Eiweißstoffen bestehen, während der *Trächtigkeit* sogar zu drei Vierteln. Bei besonderen körperlichen Leistungen kann die Fleischration unverändert bleiben; zugelegt werden kohlehydrat- und fetthaltige Futtermittel.

Die Praxis

In der Praxis steht der Hundehalter vor den Fragen: Was, wie, wie oft und wieviel?

Die Futtermittel: Innereien wie Herz, Leberabschnitte, Milz, Nieren, Rinderpansen und -blättermagen sowie sogenanntes Maulfleisch, sonstige Fleischabschnitte und, mit gewissen Einschränkungen, Euter sind ein fast vollwertiger Ersatz für das zu teure Muskelfleisch. Weniger geeignet sind Lunge und Gebärmutter. Besonders wertvoll ist *»grüner Pansen«* (roher, ungereinigter Rindervormagen): Die anhaftenden Futterreste sind bereits teilweise aufgeschlossen und enthalten Vitamine, die aus dem Pflanzenfutter stammen oder im Pansen durch Bakterien gebildet wurden. »Grüner Pansen« sollte daher nach Möglichkeit dem gereinigten und gebrühten »weißen Pansen« vorgezogen werden; Pansen enthält allerdings nicht alle lebenswichtige Eiweißbausteine. Deshalb müssen auch andere Eiweiß-Futtermittel auf dem Speisezettel stehen. *Rohe Leber* und *rohe Milz* haben eine abführende Wirkung. Sie müssen daher gekocht werden. In kleineren Mengen können sie bei Verstopfung als natürliches Abführmittel eingesetzt werden. *Geflügel*innereien und -teile (ohne Röhrenknochen!) sollten gekocht werden, weil sie gelegentlich Durchfallerreger aus der Gruppe der Salmonellen enthalten. Auch grätenfreies Fischfleisch ist geeignet, solange der Hund eine gesunde Leber hat. Selbstverständlich darf es nicht verdorben sein, um »Fischvergiftungen« zu vermeiden. *Milch* enthält eine für das Wachstum besonders geeignete Nährstoffzusammensetzung. Bis zum sechsten Monat kann der Junghund täglich eine mit Milch hergestellte Mahlzeit erhalten. Dann wird die Milch immer stärker verdünnt. Über ein Jahr alte Hunde erhalten keine Milch mehr, weil das Milchfett und der für Hunde unverdauliche Milchzucker den Darminhalt zu weich halten. Dadurch können Verdauungsstörungen und Hauterkrankungen auftreten. *Magerquark* enthält wertvolles Eiweiß und kann daher den Speisezettel sinnvoll ergänzen, wenn dem Hund der Geschmack zusagt. Auch *Eier* dienen einer ausgewogenen Eiweißversorgung. Rohes Vollei führt allerdings gelegentlich zu Durchfällen. Eigelb allein wird auch roh gut vertragen. Stets bekömmlich sind Rührei und gekochte Eier. *Käse* ist entbehrlich, aber nicht schädlich. Käserinden, Wurstpellen, Geräuchertes und Gewürztes gehören nie in den Hundenapf.

Als *Kohlehydratträger* bieten sich Haferflocken, Graupen und Reis an. Diese pflanzlichen Produkte müssen allerdings gekocht werden. Einfacher ist die Verfütterung von »Hundeflocken«, die aus einem Gemisch getoasteter und dadurch verdaulich gemachter Getreideerzeugnisse mit speziellen Beimengungen bestehen und erfahrungsgemäß allen Hunden gut bekommen. Ein Teil der pflanzlichen Nahrung soll stets aus *Gemüse* bestehen. Die *Vitamin*versorgung kann natürlich nicht ausschließlich aus dem grünen Pansen gedeckt werden. Gehackte Kräuter wie Petersilie oder Kresse, geriebene Äpfel und Mohrrüben, Gemüsesäfte und Bananen sowie Lebertran, Weizenkeimöl und Bierhefe können das Vitaminangebot vervollständigen. Eine sichere und individuelle Dosierung gestatten Vitaminpräparate, die der Tierarzt verordnet.

*Freundschaft mit
anderen Vierbeinern.*

Für den Junghund ist eine ausreichende Vitamin-D-Versorgung zur Verhütung der Knochenweiche (Rachitis) besonders wichtig. Man hüte sich aber vor Überdosierungen. Auf alle Fälle sollte ein *Mineralstoff-*präparat zugefüttert werden. Anstelle der für Vorbeuge und Behandlung des Menschen hergestellten Mittel können die billigeren *»Futterkalk«-*Präparate gewählt werden, die im allgemeinen auch die nötigen *Spurenelemente* enthalten.

Auch *Knochen* enthalten Mineralstoffe. Ihr Wert sollte jedoch nicht überschätzt werden. Sie sind schwer verdaulich und können wegen ihrer stopfenden Wirkung nur in begrenzten Mengen gegeben werden. Dagegen kann ihre Bedeutung für Gebißpflege und -reinigung nicht hoch genug eingeschätzt werden. Knochen, in erster Linie weiche Kalbsknochen, sollten daher vor allem dem jüngeren Hund regelmäßig angeboten werden. Harte Röhrenknochen, insbesondere vom Geflügel, können durch Knochensplitter Darmverletzungen verursachen, während Kotelettknochen sich in der Speiseröhre festsetzen können und daher gemieden werden müssen.

Der Speiseplan

Der Hundehalter hat die Wahl, ob er das Futter selbst zubereitet oder auf Fertigfutter zurückgreift. Mangelschäden braucht er in keinem Fall zu befürchten. Versuche haben gezeigt, daß der Hund ohne weiteres dauernd mit dem gleichen Futter ernährt werden kann, wenn dies optimal zusammengesetzt ist. Er braucht also keine Geschmacksabwechslung.

Eigenrezepte

Bei der Zusammenstellung des Futters »nach Art des Hauses« kann der Anteil eiweißhaltiger Produkte gegenüber den genannten Anteilen erhöht werden. Dies führt möglicherweise zwar zu einem gewissen Luxuskonsum, gibt aber die beruhigende Sicherheit einer ausreichenden Eiweißversorgung. Die Ernährung der *Welpen* bleibt dem Züchter überlassen. Er verfügt allgemein über bewährte Rezepte und wird dem Käufer Ratschläge für die ersten Tage mit auf den Weg geben. Nach dem Kauf sollte der *Junghund* stets einige Tage in der gewohnten Art weiter gefüttert werden. Die Umstellung fällt ohnehin schwer und kann regelrecht auf den Magen schlagen. Nach der Eingewöhnung aber kann er bald die Nahrung erhalten, die unter den häuslichen Verhältnissen am zweckmäßigsten ist. Dabei sind plötzliche, radikale Veränderungen zu vermeiden und die unterschiedlichen Hundegeschmäcker zu berücksichtigen.

Futterfleisch gibt es heute nicht nur in Futterhandlungen, sondern auch in Zoogeschäften, in den Tiefkühltruhen vieler Supermärkte und in fast allen Fleischereien. Ein hygienebewußter Fleischer wird grünen Pansen abpacken und einfrieren. Der Wert wird dadurch nicht eingeschränkt. Zur Aufbewahrung von Futterfleisch hat sich die Gefriertruhe bewährt; das geschnittene Fleisch wird portionsweise verpackt und in einem zusätzlich verschließbaren Plastikbeutel eingefroren. Wer keine Tiefkühltruhe besitzt, kann den nicht frisch oder roh verfütterten Teil des Fleisches durch Kochen und anschließende Kühllagerung für zwei bis drei Tage haltbar machen. Auf grünen Pansen muß dabei wegen der Wohlgerüche, die sich bei der Erhitzung verbreiten würden, verzichtet werden; die wertvollen Inhaltsstoffe würden durch das Kochen ohnehin geschädigt.

Da der Hund sein Fressen nicht kaut, sondern schlingt, wird das Fleisch in maulgerechte Happen geschnitten und vor dem Füttern durch kurzes Überbrühen erwärmt, wobei es innen roh bleibt. Grüner Pansen sollte daher frisch verfüttert werden. Man sollte seinem Hund wenigstens ab und zu das Vergnügen gönnen, ein größeres Stück nach Urväterart zu zerzausen. Diese natürliche Freßweise ist eine ausgezeichnete Gymnastik für Muskeln und Gebiß.

Als pflanzliches Futter sind *Futterflocken* besonders zu empfehlen, weil sie sehr vielseitig zusammengesetzt sind und ohne Kochen verdaut werden können. Mit dem angebrühten Fleisch und etwas Wasser vermischt, ergeben sie auf einfache Weise eine bekömmliche und gut zusammengesetzte Mahlzeit. Das Futter wird dickbreiig, nie suppig, zubereitet. Es darf nie eiskalt gereicht werden. *Gemüse* sollte mit einer Gabel zerdrückt, *Rohkost* muß fein zerkleinert werden. Hülsenfrüchte und Kohl müssen wir allerdings selbst »verwerten«, sie sind für Hunde schwer verdaulich und verursachen Blähungen. Es schadet nichts, wenn diese Essensreste leicht gesalzen sind. Der Hund braucht Kochsalz für eine einwandfreie Nierentätigkeit. *Brot,* insbesondere gut durchgebackenes Roggenbrot, eignet sich vorzüglich als Ergänzungsfutter. Es soll aber nicht eingeweicht werden. Der Futterplan wird durch Hundekuchen sowie die erforderlichen Vitamin- und Mineralstoffgaben vervollständigt. Auf diese Weise ergibt sich bald ein eigenes, auf Haus, Hund und Geldbeutel abgestelltes Spezialrezept, bei dem sich's für den Hund gut leben läßt.

Fertigfutter

Die Eigenproduktion wird in dem Maße, wie die häuslichen Verhältnisse es erfordern und der Gaumen des Hundes es zuläßt, mit Fertigfutter ergänzt. Dieses Futter ist für lange Wochenenden, als Notvorrat und auf Reisen besonders gut geeignet. Der Hund sollte daher in jedem Fall daran gewöhnt werden. Die gegen Fertigfutter bestehenden Vorurteile sind überholt. Durch moderne Konservierungsverfahren werden die Vitamine weniger geschädigt als durch haushaltsübliches Kochen. Fertigfutter entspricht in Eiweißanteil und Zusammensetzung den wissenschaftlichen Erkenntnissen. Auf den Packungen ist die Zusammensetzung angegeben, so daß dem Käufer Vergleichsmöglichkeiten gegeben sind. Nur sehr schwer wird man bei eigenen Futterzubereitungen die Ausgewogenheit des Fertigfutters erreichen. Nur ein Argument kann dagegen vorgebracht werden: Artgemäß frißt der Hund Rohes, nicht Gekochtes.

Dosenfutter wird entweder nur aus tierischen Erzeugnissen oder aber unter Zusatz von stärkehaltigen Nährmitteln hergestellt. Reine »Fleisch«-Konserven sollen durch Zugabe von Flocken, Reis oder Gemüse ergänzt werden. Die Mischerzeugnisse (»Vollnahrung«) haben bereits eine ausgewogene Nährstoffzusammensetzung. Sie enthalten ein Drittel und mehr Eiweiß. Geschwächte, kranke Hunde sollten nicht plötzlich auf Dosenfutter umgestellt werden. Sie reagieren bisweilen mit Durchfall.

Paketfutter besteht entweder aus einem erhitzten, geformten Fleisch-Nährmittel-Gemisch oder aus einer Mischung von Trockenfleisch mit pflanzlichen Erzeugnissen. Auch diese Futtermittel enthalten ein ausgewogenes Eiweiß-Kohlehydrat-Fett-Verhältnis mit 25 bis 40 % Fleisch. Zu den keks- oder ringförmigen Produkten muß in einem Extranapf Wasser zur beliebigen Aufnahme angeboten werden. Die Fertigfuttermischungen werden mit warmem Wasser, mit ungesalzener Fleischbrühe oder bei Junghunden mit Milch zu einem Futterbrei angerührt. Sie werden allgemein gern gefressen und sind gut bekömmlich.

Hundekuchen werden aus pflanzlichen und tierischen »Mehlen« in verschiedenen Größen und Härtegraden hergestellt. Sie sollten in keinem Futterplan fehlen. Zur Pflege der Zähne leisten sie gute Dienste. Bei Junghunden hat es sich bewährt, zur Förderung der nächtlichen Stubenreinheit abends Hundekuchen zu füttern.

Die Futterzeiten

dienen nicht nur der Erziehung, sondern auch der Gesundheit. Der Junghund hat einen regen Stoffwechsel. Es wäre ihm unmöglich, die Tagesfuttermenge auf einmal aufzunehmen. Die Futterlast würde darüber hinaus Bänder und Gelenke überdehnen. Bis zum Alter von 6 Monaten, also bis zum Abschluß des Zahnwechsels, erhält er daher mindestens drei Mahlzeiten, und zwar morgens, mittags und nachmittags. Dann fällt die letzte Mahlzeit weg: Bis zum Abschluß des Größenwachstums mit 15 bis 18 Monaten wird der Hund zweimal täglich gefüttert. Der *erwachsene* Hund soll *nur eine Mahlzeit* täglich erhalten. Als »Tischzeit« hat sich zum Zwecke einer geregelten Verdauung der späte Vormittag bewährt. »Nebenbei« wird in keinem Alter und zu keiner Zeit genascht!

Die Ration

Der Hundehalter hat keine Diättabelle mit Kalorienangaben der einzelnen Futtermittel. Die ernährungsbestimmenden Faktoren können im einzelnen nicht voll erfaßt werden: Neben körperlichen Leistungen, Wachstum, Alter, Größe und Gewicht spielt die individuelle Veranlagung eine wesentliche Rolle. Bei Nutztieren hat man zur Mast besonders geeignete Rassen herausgezüchtet. Beim Menschen gibt es starke Esser, die schlank bleiben und (seltener) Dicke, die wenig essen. Dies hängt unter anderem mit der Funktion der Schilddrüse und der Verdauungsorgane zusammen. Ebenso gibt es unter den Hunden gute und schlechte Futterverwerter. Auch Umwelt- und Haltungsbedingungen beeinflussen den Nährstoffbedarf: So ist bei Zwingerhaltung im Winter ein erhöhter Energiebedarf zur Erhaltung der Körperwärme erforderlich.
Die durchschnittliche Futterration, die man bei seinem Schlittenhund sehr bald ermittelt hat, wird bei Trainingsarbeit um etwa $\frac{2}{3}$ erhöht, bei

Rennen sogar verdoppelt. Nicht die eigentliche Futtermenge ist zu verdoppeln, sondern die Kalorienzufuhr.

Besser als die Briefwaage ist allemal das Fingerspitzengefühl bei der Zuteilung der Ration. Bei einem mageren Hund kann man unbedenklich etwas Futter zulegen; zeigt sich dagegen Rippenspeck, muß Futter abgezogen werden. Die Rippen dürfen optisch nicht hervortreten. müssen aber mit der flach aufgelegten Hand deutlich fühlbar sein. Welpen erscheinen leicht dicker, als sie tatsächlich sind. Sie sollen etwas Babyspeck haben, um Kinderkrankheiten besser überstehen zu können. Bei regelmäßiger Fütterung fressen sie sich satt, ohne zuviel zu fressen. In jedem Alter erhält der Hund nur das, was er zu der betreffenden Mahlzeit frißt. Auch bei Hunden werden Fresser nicht geboren, sondern erzogen. Den gefüllten Napf läßt man höchstens eine halbe Stunde stehen. Futterreste gehören mit Ausnahme nicht verunreinigten Trockenfutters in den Mülleimer.

Das *Trinken* gehört beim Menschen bekanntlich zum Essen, anders beim Hund: Bei normal feuchter Nahrung trinkt er kaum. Nur bei besonderer Wärme, nach Anstrengungen, zum Trockenfutter und bei altersbedingtem Nachlassen der Nierenfunktion muß er zusätzlich Wasser aufnehmen. Auf jeden Fall trinkt er nur so viel, wie er braucht. Er entwickelt sich nicht zum Gewohnheitstrinker. In einem sauberen Extranapf soll daher ständig frisches, verschlagenes (nie eiskaltes) Wasser zur beliebigen Aufnahme angeboten werden, damit der Hund die tatsächlich benötigte Flüssigkeitsmenge aufnehmen kann.

Gesundheit

»Der Züchter liefert den Welpen, der Aufzüchter macht den Hund«. Ein altes, aber wahres Wort! Artgerechte Haltung, Pflege und Ernährung sind die Voraussetzungen für eine gesunde Entwicklung. Dabei soll Gesundheit mehr sein als »Freisein von Krankheiten«. Sie soll Widerstandskraft gegen Infektionen einschließen. Das seelische Wohlbefinden ist so wichtig wie das körperliche.

Vorbeugen ist besser als Heilen

Haarkleid und Haut sind der Schutz gegen die Unbill des Wetters. Zweimal im Jahr legt sich der Hund ein neues Kleid zu. Besonders im Frühjahr, wenn das dichte Winterfell abgestoßen wird, kann es in der Wohnung haarig werden. Hier hilft nur Bürsten. Empfehlenswert ist eine harte Borstenbürste oder eine zu diesem Zweck hergestellte weiche Drahtbürste mit Naturborstenkranz. Ein Kamm wird nicht benutzt: Damit könnten auch gesunde Haare ausgerissen und die Haut verletzt werden. Auch zwischen den Haarwechseln wird der Hund täglich gebürstet. Das ist seine als Wohltat empfundene tägliche Dusche.
Baden ist nicht nur überflüssig, sondern kann auch leicht Schaden anrichten. Der schützende Säuremantel der Haut wird zerstört. Das entfettete Haar kann leichter naß werden. Erkältungsgefahren werden provoziert. Es gibt nur einen Grund für ein Bad: Der Hund hat sich durch den Duft verleiten lassen, sich in einem Kothaufen oder Kuhfladen zu suhlen. Das beleidigt die Nasen der Familienangehörigen. Der Hund muß in die Wanne. Er wird lauwarm geduscht und mit einem milden Shampoo, badedas oder speziellen Hundeshampoos, nie jedoch mit Seife oder Spülmittel abgewaschen. Der Schaum muß gründlich ausgespült werden, bis das Haar zwischen den Fingern »knirscht« und sich nicht mehr »seidig« anfühlt. Mit leicht saurem Essigwasser (3 Eßlöffel auf 10 l) wird nachgespült. Anschließend wird das Fell mit Frotteetüchern möglichst trocken gerieben. Natürlich darf der Hund nicht ins Freie, bevor nicht an einem warmen, zugfreien Ort auch seine Unterwolle völlig trocken geworden ist.

Leithund bitte melden!

Etwas ganz anderes ist das Baden in freier Natur. An heißen Sommertagen kann man ihnen unbesorgt eine Erfrischung gönnen. Die erwähnten Schutzeinrichtungen von Haut und Haar werden vor einer Erkältung bewahren.

Trockenshampoo eignet sich nicht zur Reinigung des dichten Schlittenhundhaars, die Reste können aus der Unterwolle nicht ausgebürstet werden und die Haut reizen. Wenn der Hund ständig »nach Hund riecht« oder einen unnatürlichen starken Haarausfall hat, versuche man nicht, dieses Übel durch Baden aus der Welt zu schaffen. Wenn nicht eine starke Fütterung mit Pferdefleisch für den Geruch verantwortlich sein kann, wird eine Hautkrankheit vorliegen.

Die *Ohren* sollten zur Verhütung von Entzündungen (Ohrenzwang) etwa alle vier Wochen gereinigt werden. Bei einer Reinigung mit Öl und Wattestäbchen kann das Trommelfell kaum verletzt werden, weil der Gehörgang vorher einen Knick nach innen macht; aber hinter diesem Knick wird eher das Ohrschmalz zusammengestopft, als daß es nach außen befördert würde. Deshalb ist es besser, den äußeren Gehörgang mit einem Ohr-Reinigungsmittel auszuwaschen, das die Ohrschmalzreste löst. Das Mittel wird randvoll eingefüllt. Mit der linken Hand wird die Ohrmuschel zugedrückt, die rechte massiert von außen den Gehörgang. Schmutz und Schmalz werden dann durch kräftiges Schütteln vom Hund selbst nach draußen befördert. Es empfiehlt sich daher, zur Ohrreinigung ins Freie zu gehen.

Dunkle Färbung und übel-muffiger Geruch des zutage kommenden Ohrenschmalzes deuten auf eine Entzündung hin, die der Hund durch Kopfschütteln und Kratzen selbst anzeigt. Verbreitet sind Entzündungen durch Ohrmilben, die in den Gehörgängen schmarotzen und dabei die Haut reizen und verletzen. Grasgrannen können sich im Gehörgang einklemmen. Bei alten Hunden können Warzen auftreten. Bakterien und Pilze komplizieren die Entzündung. In diesen Fällen muß der Tierarzt die Behandlung übernehmen.

In den *Augen* bildet sich besonders nach dem Schlaf ein Schleimpfropf. Er wird mit einem Stückchen Mullbinde oder einem Leinenläppchen entfernt. Fusseln von Watte oder Papiertaschentüchern würden die Schleimhäute reizen. Bindehautentzündungen können auch durch Zugluft, Staub oder UV-Strahlen verursacht werden. Zur Linderung sollten frühzeitig Augentropfen in die heruntergezogenen Bindehautsäcke eingebracht werden. Borwasser kann Reizungen verursachen und wird daher heute nicht mehr angewendet. Eitrige oder länger dauernde Entzündungen sind ein Fall für den Tierarzt. Bei gleichzeitig gestörtem Allgemeinbefinden (Appetitlosigkeit, Fieber) kann eine Infektion wie die Staupe vorliegen. Häufig bilden sich auf der Rückseite des dritten Augenlides, der Nickhaut, himbeerartige, entzündliche Wucherungen, die meistens operativ entfernt werden müssen.

Zur Pflege der *Zähne* genügen im allgemeinen Hundekuchen und Knochen. Sie machen Reinigungspulver oder Zähneputzen überflüssig. Bei Zahnsteinbildung können die Zähne ein- bis zweimal wöchentlich mit einem Wattebausch abgerieben werden, der mit 3%iger Wasserstoffsuperoxyd-Lösung getränkt wird. *Zahnstein* ist ein meist fest anhaftender Belag aus Salzen und Speiseresten, der besonders beim älteren Hund Entzündungen mit fauligem Mundgeruch verursacht und zu Vereiterungen der Zahnwurzeln und zu Zahnausfall führen kann. Solche Eiterherde können den ganzen Körper vergiften. Zahnstein sollte daher rechtzeitig entfernt werden. Lose Zähne müssen gezogen werden. Da der Hund keine Beute jagen, festhalten oder zerreißen muß, kann er auf schmerzende Zähne gut verzichten. Er wird sich nach der Entfernung der Eiterherde bald wohler fühlen. *Milch-Hakenzähne*, die beim Zahnwechsel nicht ausfallen, müssen gezogen werden, da sie zu Stellungsfehlern im bleibenden Gebiß führen können.

Rutschen auf dem Hinterteil ist meistens nicht auf Würmer, sondern auf Erkrankungen der *Analbeutel* zurückzuführen. Diese »Duftdrüsen« dienen eigentlich zur Revierkennzeichnung. Infolge der Domestikation funktioniert die Entleerung häufig nicht mehr richtig. Sekretstauungen und Entzündungen mit starkem Juckreiz sind die Folge. Diesen Juckreiz versucht der Hund erfolglos durch »Schlittenfahren« und Knabbern an Hinterläufen und Kruppe zu beheben. Die Analbeutel müssen durch Menschenhand entleert werden: Bei senkrecht hochgehaltener Rute wird beiderseits des hervortretenden Afters Druck auf den Enddarm zu ausgeübt; zum Auffangen des austretenden, stinkenden Sekretes muß dabei Watte oder Papier vor den After gehalten werden. Bei tiefliegenden oder stark entzündeten Drüsen ist eine tierärztliche Lokalbehandlung erforderlich.

Normaler Auslauf macht ein Schneiden der *Krallen* überflüssig. Nur bei weichem Boden, bei krankhaftem Hornwachstum und bei Stellungsfehlern ist ein Kürzen erforderlich. Das sollte erfahrenen Personen überlassen bleiben, weil das in der Kralle verlaufende Blutgefäß nach Möglichkeit nicht angeschnitten werden soll. Gelegentlich vorkommende »Wolfskrallen« (Überbleibsel der an sich verkümmerten fünften Zehe an den Hinterläufen) sollten vorsorglich operativ entfernt werden, da sie zu stark blutenden Verletzungen führen können. Im Winter müssen *Streusalzreste* nach dem Spaziergang von den Pfoten abgewaschen werden. Sie verursachen schmerzhafte Entzündungen. Die Ballen und Zehen werden mit Puder eingestäubt, ausgetrocknete, rissige Ballen mit einer Fettsalbe eingerieben.

Ungebetene Gäste im Fell

sind *Hundeflöhe* und *Läuse*. Bei Juckreiz müssen als erstes Fell und Haut auf Parasitenkot (schwarze Pünktchen an den Haaren) und Flohstiche abgesucht werden. Lieblingssitze von Flöhen und Läusen sind die Innenflächen der Hinterschenkel, die »Achselhöhlen« und die Ohrmuscheln. Zur Abtötung der »Ektoparasiten« können Puder, Sprays oder Waschlösungen (am wirksamsten) angewandt werden. Die Gebrauchsanweisungen sind genau zu beachten, da das Ablecken der Mittel zu Vergiftungen führen kann. Für etwa drei Monate kann der Hund auch durch »Anti-Floh-Halsbänder« gegen Parasiten geschützt werden. Diese Halsbänder geben aufgrund der Körperwärme einen Wirkstoff ab. In engen Räumen (Hundehütte) kann eine auch für den Hund bedenkliche Konzentration des Giftes auftreten. Im Wald und auf der Heide lassen sich *Zecken* aus dem Unterholz auf den Hund fallen. Sie beißen sich in der Haut fest und saugen erhebliche Blutmengen. Schließlich sehen sie aus wie ein prallgefülltes, bis zu kirschkerngroßes, braunes Säckchen. Diese »Holzböcke« dürfen nicht einfach abgerissen werden, weil dann die Beißwerkzeuge in der Haut steckenbleiben und Entzündungen verursachen. Man betäubt sie mit Alkohol oder hüllt sie etwa zehn Minuten in Öl ein. Dann werden sie linksherum mit vorsichtig drehendem Zug aus der Haut entfernt. Einfach und wirkungsvoll werden Zecken und andere Ektoparasiten durch einen desinfizierenden Spray abgetötet, der pflanzliche insektizide Substanzen enthält, die schnell zerfallen und für Säugetiere unbedenklich sind.

Unerwünschte Kostgänger

Fast alle Welpen werden schon im Mutterleib mit *Spulwürmern* infiziert. Sie sollten daher bei Abgabe durch den Züchter bereits Wurmkuren hinter sich haben. Spulwürmer können bei Junghunden zu Verdauungs- und Entwicklungsstörungen und zu Vergiftungen führen. Vorsichtshalber können Wurmkuren nach drei, sechs und zwölf Monaten wiederholt werden. Vertrauen Sie dabei den wirksamen, verschreibungspflichtigen Mitteln; rohe Möhren alleine können keine Wurmfreiheit garantieren. Ältere Hunde beherbergen im allgemeinen nur noch vereinzelte oder gar keine Spulwürmer, da sie Abwehrstoffe gebildet haben.

Für chronische Verdauungsbeschwerden wie regelmäßig wiederkehrender oder unstillbarer Durchfall können andere Darmschmarotzer — Kokzidien (einzellige Schleimhautparasiten), Hakenwürmer oder Peitschenwürmer — verantwortlich sein. Eine Kotuntersuchung kann näheren Aufschluß geben; die Behandlung muß nach tierärztlicher Verordnung erfolgen.

Kürbiskernförmige, anfangs noch bewegliche Gebilde im Stuhl sind Glieder des *Hundebandwurmes.* Bandwürmer brauchen für ihre Entwicklung einen Zwischenwirt. Für den Hundebandwurm ist dies der Hundefloh, der die Bandwurmeier aufnimmt. Im Floh entwickelt sich die Finne, die beim »Flohknacken« vom Hund aufgenommen wird und zum fertigen Bandwurm auswächst. Im Zuge der tierärztlich verordneten Bandwurm- kur müssen Hund und Lager daher auch gegen Ektoparasiten behandelt werden. Besonders bei Jagdhunden kann außerdem der gesägte Band- wurm auftreten, dessen Zwischenwirte Hasen und Kaninchen sind. Andere Bandwurmarten, die durch Fisch, Rinder- und Schafeingeweide oder Mäuse und Ratten übertragen werden, kommen seltener vor.

Der Impfplan

Infektionserreger bedrohen Gesundheit und Leben des Hundes. *Staupe* und *ansteckende Leberentzündung* sind Viruserkrankungen, die zwar für Junghunde besonders gefährlich sind, aber auch ältere Hunde befallen. Die früher übliche einmalige Impfung der Junghunde ist heute nicht mehr ausreichend. Da die Krankheiten seltener geworden sind, fehlt der häufige Kontakt mit den Erregern und damit die natürliche Auffrischung des Impfschutzes. Der Käufer eines Hundes muß im Impfpaß prüfen, ob der Hund nicht etwa nur einen »passiven« Serumschutz für zwei bis drei Wochen erhalten hat. In diesem Fall müßte zweimal »aktiv« nachgeimpft werden.
Die *Stuttgarter Hundeseuche* ist eine durch Bakterien (Leptospiren) hervorgerufene und von Hund zu Hund übertragbare Seuche. Die meisten Impfstoffe schützen gleichzeitig gegen den Erreger der Weil'- schen Krankheit, die durch Mäuse- und Rattenharn übertragen wird. Schließlich kann und soll der Hund gegen *Tollwut* geimpft werden. Die modernen Impfstoffe sind für Hunde außerordentlich gut verträglich. Sie vermitteln einen ein- bis zweijährigen Impfschutz. An die Bedeutung der Impfung in Seuchen-Verdachtsfällen, für Ausstellungen und Aus- landsreisen und nicht zuletzt zum Schutze des Menschen sei an dieser Stelle erinnert. Nur gesunde Hunde bilden einen ausreichenden Impf- schutz. Deshalb müssen Welpen und Junghunde vorher entwurmt werden. Kranke Hunde sind von der Impfung zurückzustellen. Nach der Impfung sollte das Futter zwei Wochen lang besonders hochwertiges Eiweiß wie Ei, Quark, Muskelfleisch, Herz enthalten.
Man unterscheidet: die Impfung gegen *Staupe* (S), die Impfung gegen *Leptospirose* (L), die Doppelimpfung gegen *Staupe* und *Hepatitis* (SH), die Dreifachimpfung gegen alle genannten *Infektionen* (SHL), die

Vierfachimpfung *(SHL* und *Tollwut)* und die Impfung gegen *Tollwut* (T).

Folgender *Impfplan* gibt die Gewißheit, daß der Hund ausreichend geschützt ist:

Alter:	7 Wochen	12 Wochen	4 Monate	1, 3, 7, 9 Jahre	2, 4, 6, 8 Jahre
Impfung:	SHL	SHL	T	SHL T	L T

Erste Hilfe tut not

Bei *Unfällen* ist Ruhe die erste Bürgerpflicht. Bei bedrohlich erscheinenden Situationen wird umgehend ein Tierarzt aufgesucht. Er sollte telefonisch verständigt werden, um die erforderlichen Vorbereitungen treffen zu können. Das Telefonat erspart möglicherweise vergebliche Wege und damit wertvolle Zeit. Erste Hilfe wird nur geleistet, wenn sie unumgänglich ist, nicht länger als der Weg zum Tierarzt dauert oder alleine ausreichende Hilfe verspricht.

Bei *oberflächlichen Hautverletzungen* werden in der Umgebung die Haare mit einer gebogenen Schere abgeschnitten. Sie verkleben sonst mit dem Wundsekret und verursachen Eiterungen. Abschürfungen werden mit einem Wundgel bestrichen. Puder bildet mit dem Wundsekret Krusten, welche die Heilung beeinträchtigen. Bei Durchtrennung der Haut sollte umgehend tierärztlicher Rat eingeholt werden, weil die Wunde nur in den ersten Stunden mit Aussicht auf komplikationslose Heilung genäht werden kann. Bei Beißereien und Stacheldrahtverletzungen wird häufig die Haut vom Körper abgerissen, so daß tiefe Taschen entstehen. Sie müssen sachgerecht versorgt werden. Verletzungen können bis zur endgültigen tierärztlichen Versorgung mit einem Notverband ohne Puder oder Salbe geschützt werden. Durch Belecken wird die Wundheilung nicht gefördert, sondern behindert. Wundsekrete werden zwar entfernt, mit ihnen aber auch die zarten Heilungszellen am Wundrand. Das Belecken von Wunden und das Abreißen von Verbänden kann durch einen Halskragen verhindert werden: Aus einem Plastikeimer wird der Boden herausgeschnitten. Die Kanten werden abgepolstert und Löcher gebohrt. Mit Bindfäden wird die Manschette (die große Öffnung zur Nase hin) am Lederhalsband festgebunden.

Zerschellte Glasflaschen sind häufig Ursache stark blutender Pfotenverletzungen. Der Lauf wird erforderlichenfalls so stark abgebunden, bis kein Blut mehr austritt. In halbstündlichem Abstand ist die Abbindung kurz zu lösen. Umgehend wird der Tierarzt aufgesucht, denn meistens ist Naht oder Verband erforderlich.

Gehirnerschütterungen und innere Verletzungen können zu *Bewußtseinstrübungen* führen. In diesem Fall darf nie Flüssigkeit eingeflößt werden. Die Maulschleimhaut kann zur Anregung der Herztätigkeit mit Kaffee oder Tee befeuchtet werden. Der Hund wird seitlich mit tiefliegendem Kopf und herausgezogener Zunge auf einer Decke gelagert, die als »Tragbahre« dient. Diese *Hängemattentrage* gestattet auch einen schonenden Transport bei *Knochenbrüchen*. Ein entsprechender Verdacht liegt nahe, wenn ein Bein überhaupt nicht belastet wird und abnorm beweglich ist. Wenn der Tierarzt nicht schnell erreichbar ist, hält eine Notschienung den Bruch ruhig und verringert die Schmerzen, zum Beispiel Pullover oder Watte zum Abpolstern — zur Kühlung mit kaltem Wasser durchnäßt —, zwei Stöcke zum Versteifen, Tuch, Binden oder Leukoplast zum Fixieren. Bei *Lahmheiten* wird als erstes die Pfote untersucht. Dornen oder Splitter werden mit einer Pinzette herausgezogen. Verfilzte Haare zwischen den Ballen werden vorsichtig abgeschnitten; sie drücken wie ein Stein im Schuh. Eine eingerissene Kralle schmerzt stark; der lose Teil sollte beherzt abgeschnitten oder ein Notverband angelegt werden. Wunde Stellen werden mit Heilsalbe behandelt. Bei Krallenbettentzündungen können warme Seifenbäder Linderung bringen, häufig ist jedoch ein Verband erforderlich. Unsachgemäß angelegte Pfotenverbände können böse Hautwunden verursachen. Man sollte sie dem Fachmann überlassen.

Bei *Schwellungen*, *Prellungen* und *Verstauchungen* kann das Fell des betroffenen Körperteiles mit kaltem Wasser durchnäßt werden. Das wirkt wie ein Kühlverband, hemmt weitere Schwellungen und lindert den Schmerz. In leichteren Fällen kann tierärztliche Hilfe entbehrlich werden. *Vergiftungen* beruhen meistens auf Unachtsamkeit des Menschen oder Freßlust des Hundes. Absichtliche Vergiftungen gehören zu den absoluten Ausnahmen. Giftig sind insbesondere *Rattengift* (Cumarin, Thallium, Zinkphosphid, Arsen), *Schädlingsbekämpfungsmittel* (Phosphorsäureester, E 605, Castrix-Giftkörner), *Schneckenbekämpfungsmittel* (Meta-Hartspiritus) und *Frostschutzmittel* (zum Beispiel Glysantin), von Strychnin und Blausäure ganz zu schweigen — sie sind so giftig, daß meistens jede Hilfe zu spät kommt, werden aber kaum noch angewendet.

Vergiftungsverdacht ist begründet, wenn plötzlich Erbrechen und Durchfall bei zunehmender Mattigkeit auftreten. Vergiftungen sind immer lebensbedrohend, selbst wenn das erste Stadium überstanden ist. Häufig treten Spätschäden an Leber, Nieren oder Haut auf, die erst eine genaue Unterscheidung und gezielte Behandlung ermöglichen. Die Überlebenschancen sind erheblich höher, wenn die Giftart von vornherein bekannt ist. (Packung, Beschreibung und dergleichen mit zum Tierarzt nehmen.) Lebensrettend kann eine rasche Erste Hilfe sein. Es muß versucht werden, das Gift aus dem Magen herauszubefördern, bevor es in den Körper übergeht. Zu diesem Zweck werden dem Hund zwei bis drei Teelöffel Salz eingegeben (Fang aufhalten und Salz hinter den Zungengrund löffeln, dann Kopf hoch- und Fang zuhalten). Das wird in den meisten Fällen Erbrechen auslösen. Vor Milch sei als Gegengift gewarnt, weil verschiedene Gifte fettlöslich sind. Zur Bindung von Giftresten ist eine Aufschwemmung von 6 bis 10 Kohlekompretten besser geeignet. Sie wird dem Hund nach dem Erbrechen eingeflößt.

Zur Ersten Hilfe im weiteren Sinne kann man die Behandlung bekannter, einfacher Störungen rechnen. Sie müssen von ernsthaften Erkrankungen, die tierärztliche Behandlung erfordern, unterschieden werden. Wichtigstes Instrument dazu ist das *Fieberthermometer.* Die *Hundenase* ist kein geeignetes Hilfsmittel. Sie kann auch beim gesunden Hund bisweilen warm und trocken und bei schwerer Erkrankung feuchtkalt sein. Die innere Körpertemperatur des Hundes wird drei bis fünf Minuten im Mastdarm gemessen. Sie beträgt 37,5 bis 39,0 °C. Bei kurzzeitig erhöhter Temperatur bis 39,3 °C kann zunächst noch abgewartet werden. Steigt die Quecksilbersäule höher, so muß der Hund in tierärztliche Behandlung. *Erkältungen* wie beim Menschen treten beim Hund selten auf. Entsprechende Erscheinungen beruhen meistens auf Infektionen. Bei erhöhter Temperatur könnte zum Beispiel Staupe oder Zwingerhusten vorliegen. Eitriger Nasenausfluß ist stets ein Alarmzeichen. Ein hustenähnliches Krächzen (»als ob ein Knochen im Hals säße«) deutet meistens auf eine Mandelentzündung hin. Bei erschwerter Atmung wird die Lunge beteiligt sein. Bei alten Hunden kann auch Herzschwäche zu chronischem Husten führen. »Erkältungen« sind also kein Fall für die Hausapotheke.

Verdauungsstörungen lassen sich dagegen häufig durch Diät-Maßnahmen beheben. Bei hartem Stuhl können rohe Leber oder Milz oder drei bis fünf Teelöffel 10%ige Dosenmilch als milde Abführmittel gegeben werden. Bei reichlicher Knochenfütterung kann der Knochenschrot im Mastdarm eine so hartnäckige Verstopfung verursachen, daß auch stärkste Abführmittel nicht helfen, sondern Einläufe unter tierärztlicher Kontrolle erforderlich werden. *Durchfall* ohne Fieber ist häufig durch einen Fastentag zu bessern, an dem der Hund ausschließlich verdünnten schwarzen oder Pfefferminztee mit einer kleinen Prise Salz erhält. Keinesfalls darf versucht werden, Durchfall durch Wasserentzug zu behandeln. Der Körper würde infolge des Flüssigkeitsverlustes austrocknen. Eine weitere Normalisierung des Stuhlganges kann durch mehrmalige Fütterung kleiner Mengen eines Futterbreis aus Beefsteakhack, Schmelzflocken und rohem geriebenen Apfel mit 2 bis 3 Kohlekompretten erreicht werden. Wenn ein Durchfall in zwei bis drei Tagen nicht deutlich gebessert wird oder von Fieber begleitet ist, muß der Hund in tierärztliche Behandlung. *Erbrechen* ist keine selbständige Krankheit, sondern kann verschiedene Ursachen haben. Gelegentliches Erbrechen ist beim Hund ohne große Bedeutung. Bei Fieber sowie regelmäßig wiederkehrendem oder heftigem Brechreiz können Infektionen, Vergiftungen oder schwerere Verdauungsstörungen vorliegen.

Bei der *Scheinschwangerschaft* bilden sich manche Hündinnen etwa acht Wochen nach der Läufigkeit ein, Welpen zu haben: Sie werden unruhig und »bemuttern« irgendwelche Gegenstände. In das Gesäuge schießt Milch ein. Abhilfe schaffen meistens wenig Fressen und Trinken bei viel Bewegung und Beschäftigung. Zusätzlich wird das Gesäuge mehrmals täglich mit kaltem Wasser befeuchtet, um Schwellung und Milchproduktion zu hemmen. Keineswegs sollte Milch ausgedrückt werden, um die Milchbildung nicht anzuregen. Die genannten Maßnahmen sollten schon beim ersten Auftreten der Erscheinungen ergriffen werden und müssen in etwa zwei Wochen zum Erfolg führen.

Kleine Hausapotheke für den Hund

Zur Pflege, Vorbeuge und Ersten Hilfe sollten einige Instrumente und Medikamente bereitgehalten werden. Sie sind kindersicher, kühl und trocken aufzubewahren. Wenn unser Hund zu Reisekrankheit oder zu Verdauungsstörungen neigt oder unter Rheuma leidet, werden zusätzlich die tierärztlich verordneten Mittel vorrätig gehalten, um schnell

Der kleine Schwarze mit dem weißen Fuß.

Hilfe leisten zu können. Vitamin- und Mineralstoffpräparate werden dort aufbewahrt, wo sie gebraucht werden: in der »Futterküche«.

Alarmzeichen

Im Rahmen dieses Buches können unmöglich Ursachen und Erscheinungen der wichtigsten Hundekrankheiten auch nur annähernd vollständig beschrieben werden. Über die bereits an anderen Stellen gegebenen Hinweise hinaus sollen aber stichwortartig wenigstens die Anzeichen schwerer, bisher nicht erwähnter Krankheiten aufgeführt werden, deren Kenntnis unter Umständen lebensrettend sein kann: Für einen Darmverschluß oder einen Fremdkörper im Darm sprechen Erbrechen und zunehmende Mattigkeit ohne Kotabsatz. Alarmstufe I besteht bei Kolik mit Aufblähung des Bauches durch eine Magendrehung. Wenn der Bauch allmählich dicker wird, können Bauchhöhlenwassersucht, Gebärmuttervereiterung oder Tumoren die Ursache sein. Unstillbarer Durst mit oder ohne Scheidenausfluß läßt bei der älteren Hündin an eine Gebärmuttererkrankung denken. Vermehrter Durst kann auch durch Nierenerkrankungen hervorgerufen werden; wenn Mattigkeit und Mundgeruch hinzukommen, ist meistens bereits eine Harnvergiftung eingetreten. Diese Erscheinungen sind auch bei der Stuttgarter Hundeseuche zu beobachten. Auch wenn kein Harn abgesetzt wird (Harnsteine, Blasenriß, Vergiftung), besteht höchste Gefahr. Blutbeimengungen in Kot oder Urin zeigen schwerwiegende krankhafte Zustände an. Vermehrter Speichelfluß wird im harmlosesten Fall durch Fremdkörper in der Maulhöhle oder lose Zähne ausgelöst, bedenklicher wäre eine E 605-Vergiftung, schlimmstenfalls wäre an eine Tollwutinfektion zu denken. Die Färbung der Schleimhäute am Auge, im Fang und in der Scheide gibt wertvolle Hinweise auf innere Erkrankungen: Blässe deutet auf Blutarmut hin, Gelbfärbung auf Leberschäden mit Gelbsucht, punktförmige oder flächige Blutungen auf schwere Infektionen oder Vergiftungen mit verzögerter Blutgerinnung, und eine bläuliche Färbung tritt bei Herz- und Kreislaufschäden auf. Wenn gleichzeitig erschwerte pumpende Atmung mit Aufblähen der Backen zu beobachten ist, besteht höchste Lebensgefahr. Bei nicht abklingenden Lahmheiten der Vorhand muß der Tierarzt röntgenologisch klären, ob eine Ablösung des Ellenbogenhöckers vorliegt. Schmerzhafte Knochenauftreibungen mit Fieber bei Junghunden müssen intensiv behandelt werden.

Zehn Tips für den Besuch beim Tierarzt

1 Nach Möglichkeit sollte der Hund in der Praxis des Tierarztes vorgestellt werden. Dort kann eine Erkrankung besser erkannt und behandelt werden.

2 Bei Verdacht auf ansteckende Krankheiten lassen Sie sich aber vom Tierarzt einen Sondertermin geben oder bitten Sie ihn um einen Hausbesuch, um andere Hunde im Wartezimmer nicht anzustecken.

3 Mit einem unruhigen Hund wartet man besser im Auto, bis man an der Reihe ist.

4 Der Hund muß systematisch dazu erzogen werden, sich untersuchen zu lassen. Manipulationen an den Ohren, Öffnen des Fanges, Fiebermes-

sen können geübt werden! Auf dem Untersuchungstisch muß der Hund beruhigt werden. Dazu müssen Sie selbst ruhig bleiben, erforderlichenfalls aber auch energisch werden.

5 Der Hund kann nicht sprechen. Daher müssen Sie Krankheitserscheinungen und -dauer genau schildern. Das erleichtert dem Tierarzt die Diagnose.

6 Bei Verdauungsstörungen ist die Beschaffenheit des Kotes genau zu beschreiben. Es ist nie verkehrt, eine Kotprobe, abgegangene Würmer oder Fremdkörper mitzunehmen.

7 Bei Verdacht auf innere Erkrankungen kann vorsorglich auch eine in einem sauberen Gefäß aufgefangene Harnprobe mitgenommen werden.

8 Bringen Sie auch den Impfpaß mit!

9 Notieren Sie die Behandlungsanweisungen; erfahrungsgemäß wird vieles nach der Aufregung des Tierarztbesuches leicht vergessen oder verwechselt.

10 Denken Sie auch an den Stolz der Dame des Tierarzthauses: Verwehren Sie Ihrem Rüden das Beinheben an den Ziersträuchern im Vorgarten nach dem Verlassen der Praxis.

Gefahren für die menschliche Gesundheit?

Hygiene- und gesundheitsbewußte Mitmenschen befürchten, daß ein Hund Krankheiten ins Haus bringt. Große Furcht flößt die *Tollwut* ein. Tatsächlich besteht auch heute noch für den von einem tollwütigen Tier gebissenen Menschen höchste Lebensgefahr. Bei Hunden tritt Tollwut allerdings nur noch selten auf. Die Seuche hat sich aus den Städten (Hunde und Katzen) mehr in die Wälder (Wild) verlagert, wo in erster Linie Füchse die Tollwut übertragen. Bei Hundetollwut besteht wegen des engen Kontaktes jedoch für den Menschen eine erheblich größere Ansteckungsgefahr als bei Wildtollwut.

Staupe und ansteckende Leberentzündung sind für Menschen ungefährlich. Hunde können aber *Leptospiren* übertragen, die beim Menschen entweder das »Canicola-Fieber« (beim Hund »Stuttgarter Hundeseuche«) oder die »Weil'sche Krankheit« hervorrufen. Diese Infektionsgefahren werden durch regelmäßige Impfungen des Hundes ausgeschaltet. Für die Übertragung der *Toxoplasmose,* einer besonders für schwangere Frauen gefährlichen Infektionskrankheit, wurde der Hund früher zu Unrecht verantwortlich gemacht. Toxoplasmen sind einzellige Schmarotzer. Ihr »Stammwirt« ist die Katze. Sie scheidet den Erreger aus, der dann entweder bei mangelhafter Hygiene vom Menschen direkt oder aber von anderen Tieren aufgenommen wird. Im Fleisch dieser Tiere bilden sich Dauerformen, die ebenfalls ansteckungsfähig sind. Hauptansteckungsquelle für den Menschen ist rohes Schweinefleisch. Der Hund ist also, wie der Mensch Opfer, nicht aber Überträger der Toxoplasmose.

Pilzinfektionen der Haut können auf den Menschen übergehen. Bei schlecht heilenden oder sich ausbreitenden Ekzemen muß man heute stets an Hautpilze denken und eine eingehende tierärztliche Untersuchung veranlassen. Zur Behandlung gibt es sicherwirkende Medikamente. Die Ansteckungsgefahr ist gering, wenn man die erforderliche Hygiene beachtet. Pilzinfektionen entstehen nur, wenn der Erreger länger als 24 Stunden auf der Haut bleibt und kleinste Verletzungen sein Eindringen fördern.

Räude wird durch Milben hervorgerufen, die sich zwar auf bestimmte Tierarten wie den Hund spezialisiert haben, jedoch auch beim Menschen plötzlich auftretende, juckende Hautrötungen verursachen können.

Eitererreger bei Ekzemen, Furunkeln, Vorhautentzündungen, Zahnvereiterungen oder Mandelentzündungen können auch beim Menschen Eiterungen verursachen. Betreffende Krankheiten müssen daher bei Beachtung häuslicher Allgemeinhygiene konsequent behandelt werden. Auch bestimmte *Darmbakterien* wie Salmonellen können beim Menschen wie beim Hund zu Durchfällen führen. Bei länger dauernden, trotz gezielter Behandlung nicht ausheilenden Durchfällen sollte eine Kotuntersuchung Aufschluß über etwa vorliegende Keime geben.

Spulwürmer sind auf bestimmte Wirte spezialisiert. Unter unhygienischen Verhältnissen vom Menschen aufgenommene Hundespulwurmeier können sich in dem für sie fremden Wirt nicht normal entwickeln. Die Wurmlarven bleiben in Organen oder Muskeln stecken und lösen Entzündungen und Schmerzen aus. Besonders gefährdet sind verständlicherweise Kleinkinder. Das Risiko wird durch regelmäßige Wurmkuren bei Junghunden und durch Hygienemaßnahmen erheblich eingeschränkt. Von den *Bandwürmern* ist nur der bei uns äußerst seltene »dreigliedrige« für den Menschen gefährlich. Wenn der Stuhl von Zeit zu Zeit wie mit Grieß bestreut aussieht, ist Vorsicht geboten. Kotuntersuchung und Behandlungsversuch sollten umgehend veranlaßt werden.

Zur mehrfach angesprochenen *Allgemeinhygiene* gehören eigenes, sauberes Hundelager, gesonderte Freßnäpfe, Verhindern des Ableckens von Händen und Gesicht, gegebenenfalls Händewaschen, Beseitigung von Hundekot und kein Mißbrauch von Kinderspielplätzen als Hundeabort. Zusätzliche Sicherheit gewährt eine regelmäßige *Desinfektion* von Lager, Hütte und anderen hygienegefährdeten Stellen. Zumindest in den genannten Verdachts- und Erkrankungsfällen sollte auf diese Sicherheit nicht verzichtet werden. Die Mittel sollen Virusarten, Bakterien und Pilze abtöten. Bei Infektionsgefahr durch Eitererreger oder Pilze bietet ein Händedesinfektionsmittel zusätzlichen Schutz. Gegen die dickschaligen Wurmeier wirken nur wenige, speziell für die Nutztierhaltung entwickelte Mittel, die durch besondere Zusätze die Schalen auflösen. Wo solche Mittel nicht zur Verfügung stehen, kann eine Scheuerdesinfektion mit heißer Sodalösung durchgeführt werden. Gegen Ektoparasiten müssen spezielle Insektenvertilgungsmittel eingesetzt werden. Jeder Desinfektion muß eine gründliche Reinigung vorausgehen. Durch Vorbeugen und Vorsicht lassen sich also Gefahren abwenden: »Gefahr erkannt — Gefahr gebannt!« Damit können wir ungetrübt die Freude genießen, die der Schlittenhund uns vermittelt.

Der alternde Schlittenhund

Artgemäße Ernährung und vernünftige Haltung haben ihren direkten Einfluß auf die Lebenserwartung des Schlittenhundes. Wenn auch für den alten Schlittenhund die regelmäßige Bewegung wichtig bleibt, sollte man jedoch von Gewaltmärschen, schwerer Trainingsarbeit oder der Arbeit im Gespann absehen. Der Hund ist schnell ermüdet und erschöpft.

Trotz aller Pflege und liebevoller Betreuung des alten Hundes geht jedes Hundeleben einmal zu Ende. Wenn wir bemerken, unser Hund erkennt uns nicht mehr, er leidet an einer schweren Krankheit, müssen wir allen Mut zusammennehmen und das Tier zum Einschläfern dem Tierarzt bringen.

Ein neunjähriger Akita-Inu.

Wer möchte, darf seinen Hund auf dem eigenen Grundstück begraben. Das Hundegrab darf nicht an öffentlichen Straßen oder Plätzen liegen. Seine Mindesttiefe sollte einen Meter betragen. Um eine Verseuchung des Trinkwassers zu vermeiden, darf es nicht bis ins Grundwasser hineinreichen.

Mag es auch für alle traurig sein, einen geliebten Freund zu verlieren, den freigewordenen Platz im Haus sollte man doch einem neuen Hund überlassen. Dieser Neue wird bald in die Rolle seines Vorgängers hineinwachsen und eigene Verhaltensweisen entwickeln, die zeigen, daß wir ein anderes, liebenswertes Wesen vor uns haben.

Wichtige Anschriften

Verband für das Deutsche Hundewesen (VDH)
Mallinckrodtstraße 26, 6400 Dortmund

Deutscher Akita-Inu-Verein e.V.
Hauptstraße 12, 2353 Schönböken

Deutscher Club für Nordische Hunde E.V. (DCNH)
Am Schattwald 18 A, 7000 Stuttgart 80

Bildnachweis

Seite 9, 37, 40, 44, 46, 52, 71, 82	Adelheid Ekhard, 7000 Stuttgart 80
Seite 12, 50, 59, 68, 96	Helgard Hildebrandt, 2371 Nübbel
Seite 21, 51, 62	Annette Orgel-Köhne, 6759 Rathskirchen 2
Seite 22, 24, 27	Interessengemeinschaft Deutscher Hundehalter e.V., 2000 Hamburg 76
Seite 25, 48, 49	Hauke und Elsbeth Nissen, 2371 Nübbel
Seite 67	Volker Schön, 5190 Stolberg

Titelbild, Zeichnungen und alle übrigen Bilder stammen vom Verfasser.